みんな楽しい！

カモさんの かわいい パネルシアター

illustrator カモ

CONTENTS

特長 **1**

人気イラストレーター カモさんが描いた かわいい絵人形！

本書に登場する絵人形は、人気イラストレーター、カモさんによるこの本だけの描き下ろしです。もちろんすべてコピーができる型紙つき！

特長 **2**

「うた」「おはなし」「保育生活」 の３つのテーマで たっぷり26作品を収録！

「うた」では、「はたらくくるま」「さよなら ぼくたちのほいくえん」などの人気曲を、「おはなし」では、劇の定番「ももたろう」や「大きなかぶ」などを、「保育生活」では、生活習慣を伝えるのに一役かう「てあらい うがい」や「歯みがき」を作品にしています。

特長 **3**

「動画見本」「楽譜」「アレンジ」 と盛りだくさんの おまけつき！

演じ方の見本になる動画（一部）や、楽譜、さらに、絵人形を使った作品とは別のアレンジあそびの提案など、うれしいおまけが盛りだくさんです。

本書の見方

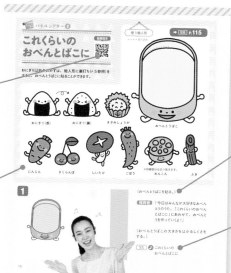

動画見本

演じ方の見本になる動画※１がある場合、QRコード※２があります。

使う絵人形

作品で使う絵人形を紹介しています。

演じ方とセリフ

演じるときのセリフや動きの参考にしてください。

うた

うたの作品では、演じ方とあわせて歌詞を掲載しています。

パネルの作り方 ※本書は、横110㎝×縦80㎝で作成しています。

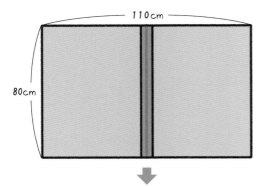

①

段ボール板2枚を貼り合わせます。

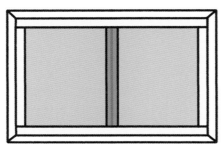

②

表をパネル布で覆い、裏を布粘着テープで貼りつけます。

パネル布ってなに？

パネルシアターで使う舞台（パネルボード）に貼ってある布を「パネル布」とよびます。パネルシアター用に毛羽立ちが大きく、絵人形（Pペーパー）がくっつきやすいように開発された布です。大型書店やネットで購入することができます。

絵人形の作り方

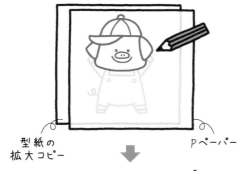

型紙の拡大コピー　　　　Pペーパー

①

型紙を拡大コピーし、Pペーパーに鉛筆で絵を描き写します。

②

水彩絵の具やポスターカラーなどで色をつけ、乾いたら、油性のフェルトペンで輪郭を描きます。

Pペーパーってなに？

パネルシアターで使う、絵人形を制作するための紙（不織布）のことを「Pペーパー」とよびます。大型書店やネットで購入することができます。

しかけの作り方

表情や動きの変化が出せる

表裏の貼り合わせ

表と裏の絵に、余白を十分残して切り取ります。Ｐペーパーの間にコピー用紙などをはさみ、スティックのりとボンドで貼り合わせると、透けません。

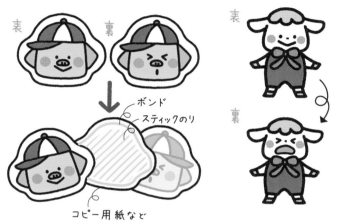

※絵柄部分にボンドをつけると、絵の具がにじむことがあるので、絵柄のない所にボンドを使います。

絵人形同士を重ねて貼ることができる

裏打ち

絵人形の裏にパネル布を貼ります。このときパネル布は絵人形より小さめのサイズで大丈夫です。

絵人形の出し入れができる

ポケット

絵人形にカッターナイフで切り込みを入れ、裏にポケットをつけます。

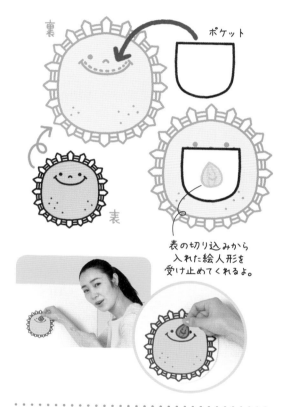

表の切り込みから入れた絵人形を受け止めてくれるよ。

アドバイス

作品の演じ方にあわせて、絵人形に切り込みを入れたり、ポケットをつけたりと、しかけを活用して、演じやすい絵人形にアレンジしてください。

切り込みを追加しようかな…♪

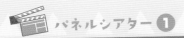
キャベツのなかから

それぞれのあおむしの頭を、キャベツから少しだけ出して、
セットしておきましょう。

 使う絵人形

➡ 型紙 P.114

おとうさんあおむし　　おかあさんあおむし

おにいさん
あおむし

おねえさん
あおむし

あかちゃん
あおむし

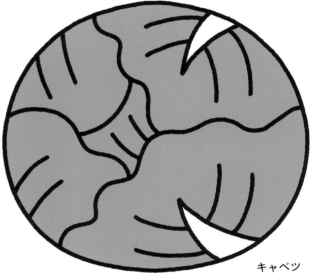
キャベツ

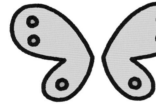
ちょうちょうの羽根×5

1

（それぞれのあおむしを貼り、その上からキャベツを貼る。）

保育者 「みんな見て、こんなに大きなキャベツがとれたよ。それでは今日は、キャベツが大好きなあおむしのうたを歌おうね。『キャベツのなかから』だよ」

（キャベツからおとうさんあおむしの顔を出す。）

うた ♪ キャベツのなかから
　　　あおむし　でたよ　ピッピッ

2

（おとうさんあおむしをすべて出す。）

うた　♪ おとうさんあおむし

3

（おかあさんあおむしの顔を出した後、すべて
出す。）

うた　♪ キャベツのなかから
　　　 あおむし　でたよ　ピッピッ
　　　 おかあさんあおむし

4

（おにいさんあおむしの顔を出した後、すべて
出す。）

うた　♪ キャベツのなかから
　　　 あおむし　でたよ　ピッピッ
　　　 おにいさんあおむし

5

（おねえさんあおむしの顔を出した後、すべて
出す。）

うた ♪ キャベツのなかから
　　　あおむし　でたよ　ピッピッ
　　　おねえさんあおむし

6

（あかちゃんあおむしの顔を出した後、すべて
出す。）

うた ♪ キャベツのなかから
　　　あおむし　でたよ　ピッピッ
　　　あかちゃんあおむし

7

（5匹のあおむしにちょうちょうの羽根を貼る。）

うた ♪ キャベツのなかから
　　　あおむし　でたよ
　　　ピッピッピッピッピッ
　　　ピッピッピッピッピッ

8

うた ♪ ちょうちょになりました

保育者 「あおむしさんたち、羽根が生えてちょうちょになったから、ひらひら空を飛んで、いろいろなところへいけるね！ いってらっしゃーい」

このあおむしさん
だ〜れだ？

アレンジ

あおむしだあれ？

それぞれのあおむしの特徴のあるところだけを見せて、他の部分はキャベツで隠し、どのあおむしかあててもらう。

保育者 「このあおむしさん、だれだ？」
「ヒントは、この帽子！」

♪ **キャベツのなかから**　作詞・作曲／不詳

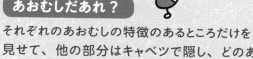

1. キャ ベ ツ の な か か ら あおむし でた よ ピッ ピッ

| おとうさん |
| おかあさん |
| おにいさん |
| おねえさん |
| あかちゃん |

あ お む し　2.〜6. キャ ベ

よ ピッ ピッ ちょうちょ に な り ま し た
（5回繰り返す）

動画見本

これくらいの
おべんとばこに

→ 型紙 P.115

使う絵人形

- - - - 切り込み

おにぎり以外のおかずは、絵人形に裏打ち(P.5参照)をすると、おべんとうばこに貼ることができます。

おにぎり〈表〉 　　おにぎり〈裏〉 　　きざみしょうが 　　　　　おべんとうばこ

にんじん 　　さくらんぼ 　　しいたけ 　　ごぼう 　　れんこん 　　ふき

※斜線部分は切り抜きます。

1

（おべんとうばこを貼る。）

保育者 「今日はみんなが大好きなおべんとうのうた、『これくらいのおべんとばこに』にあわせて、おべんとうを作っていくよ！」

（おべんとうばこの大きさをはかるしぐさをする。）

うた ♪ これくらいの
　　　 おべんとばこに

2

（おにぎりを握るしぐさをし、おべんとうばこの切り込みにおにぎり〈表〉を差し込む。）

うた ♪ おにぎり　おにぎり
　　　　ちょっとつめて

3

（きざみしょうがを貼る。）

うた ♪ きざみしょうがに

4

（おにぎりを裏返して差し込む。）

うた ♪ ごましおかけて

5

（にんじん、さくらんぼをおべんとうばこの
中に貼る。）

うた ♪ にんじんさん
　　　さくらんぼさん

6

（しいたけ、ごぼうをおべんとうばこの中に
貼る。）

うた ♪ しいたけさん
　　　ごぼうさん

7

（れんこんの穴から、子どもたちのほうをのぞく
しぐさをして、おべんとうばこの中に貼る。）

うた ♪ あなのあいた
　　　れんこんさん

8

（最後のふきを、どこに貼るか迷うしぐさを
する。）

うた ♪ すじのとおった
　　　ふー

9

（おべんとうばこのすきまに、ふきを貼る。）

うた ♪ き

保育者 「ほら、おいしそうなおべんとうの
　　　　できあがり！」

♪ **これくらいのおべんとばこに**　〈わらべうた〉

これ くら いの　　おべ んと ば こに　　　おにぎりおにぎりちょっとつめて

きざーみしょうがに　ごましおかけて　にんじんさん　さくらんぼさん　しいたけさん

ごぼうーさん　あなーのあいた　れんこんさん　すじーのとおったふ　き

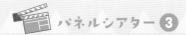
かわいいかくれんぼ

➡ 型紙 P.117

使う絵人形

動物たちの体の一部が見え、かくれんぼをしているように、
それぞれの場所にセットして演じましょう。

ひよこ〈表〉　　ひよこ〈裏〉

すずめ〈表〉　　すずめ〈裏〉　　こいぬ〈表〉　　こいぬ〈裏〉

犬小屋　　草　　塀

1

（塀の下にひよこ〈表〉、犬小屋の下にすずめ
〈表〉、草の下にこいぬ〈表〉を貼っておく。）

保育者「今ね、かくれんぼしているんだ
よ。もういいかいって聞いてみよ
うね。もういいかーい」

影の声「もういいよー」
（保育者）

保育者「よーし、じゃあ『かわいいかくれん
ぼ』のうたを歌いながら、一緒に探
してみようね」

14

2

（塀に隠れているひよこの足を指さす。）

うた ♪ ひよこがね　おにわで
　　　ぴょこぴょこ　かくれんぼ

3

（ひよこを出す。）

うた ♪ どんなに　じょうずに　かくれても
　　　きいろい　あんよが　みえてるよ

4

（ひよこを裏返す。）

うた ♪ だんだんだれが　めっかった

5

（犬小屋の屋根に隠れているすずめの頭を指さす。）

うた ♪ すずめがね　おやねで
　　　ちょんちょん　かくれんぼ
　　　どんなに　じょうずに　かくれても
　　　ちゃいろの　ぼうしが　みえてるよ

6

（すずめを出して、裏返して見せる。）

うた ♪ **だんだんだれが　めっかった**

7

（草に隠れているこいぬのしっぽを指さす。）

うた ♪ こいぬがね　のはらで
　　　よちよち　かくれんぼ
　　　どんなに　じょうずに　かくれても
　　　かわいい　しっぽが　みえてるよ

8

（こいぬを出す。）

うた ♪ だんだんだれが　めっかった

9

（こいぬを裏返す。）

保育者 「はーい！　これでみんな、見ー
つけた！　かわいいかくれんぼは、
おしまい！」

♪ **かわいいかくれんぼ**　　作詞／サトウハチロー　作曲／中田喜直

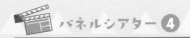
パネルシアター ❹

小さな庭

→ 型紙 P.120

使う絵人形
- - - - 切り込み

つぼみが前になるように、庭の裏にセットしておきます。
庭の裏にポケット(P.5参照)を作っておくとよいでしょう。

小さな庭

中くらいの庭

大きな庭

大きなタネ　　中くらいのタネ　　小さなタネ

 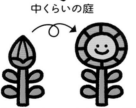 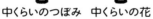  

大きなつぼみ　大きな花　中くらいのつぼみ　中くらいの花　小さなつぼみ　小さな花　熊手

1

（つぼみを前にして、それぞれの大きさの庭のポケットに入れて、貼っておく。）

(保育者)「わあ、こんなところにお庭があるよ。『小さな庭』のうたを一緒に歌いながら、何ができるか見ていてね」

（熊手を持って、耕すしぐさをする。）

(うた) ♪ ちいさなにわを
　　　よくたがやして

2

（小さな庭の切り込みに小さなタネを入れる。）

うた ♪ ちいさなタネを
まきました

3

（ポケットの中のつぼみを、少しずつ引き出す。）

うた ♪ ぐんぐんのびて
はるになって

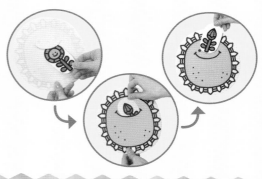

4

（全部引き出し、裏返して花を見せる。）

うた ♪ ちいさなはなが
さきました
ポッ

5

（1、2と同様に、中くらいの庭の切り込み
に、中くらいのタネを入れる。）

うた ♪ ちゅうくらいのにわを
よくたがやして
ちゅうくらいのタネを
まきました

6

（3、4と同様に、ポケットの中のつぼみを
少しずつ引き出し、裏返して花を見せる。）

うた ♪ ぐんぐんのびて
はるになって
ちゅうくらいのはなが
さきました。
ホワッ

7

（1、2と同様に、大きな庭の中の切り込
みに大きなタネを入れる。）

うた ♪ おおきなにわを
よくたがやして
おおきなタネを
まきました

8

（③と同様に、ポケットの中のつぼみを少しずつ引き出す。）

うた ♪ ぐんぐんのびて
　　　　　はるになって

9

（④と同様に、つぼみを裏返して花を見せる。）

うた ♪ おおきなはなが　さきました
　　　　　ドカーン

保育者 「3つの庭に、素敵な花が咲いたね！
　　　　みんなはどんなお花が咲く庭がいい？」

アレンジ

どっちの手？

大きなタネを握り、「タネ、タネ、どっちの手？」と聞き、タネを持っている手をあててもらう。

♪ **小さな庭**　作詞・作曲／不詳

1. ちいさなにわを		
2. ちゅうくらいのにわを	よくたがやして	ちいさなタネを
3. おおきなにわを		ちゅうくらいのタネを
		おおきなタネを

まきました

ぐんぐんのびて　　はるになって

ちいさなはなが　さきました	「ポッ」
ちゅうくらいのはなが　さきました	「ホワッ」
おおきなはなが　さきました	「ドカーン」

21

どんないろがすき

➡ 型紙 P.122

使う絵人形

- - - - 切り込み

クレヨンと同じ色の絵人形に切り込みを入れると、クレヨンが出し入れできます。うたに合わせて楽しく演じてください。

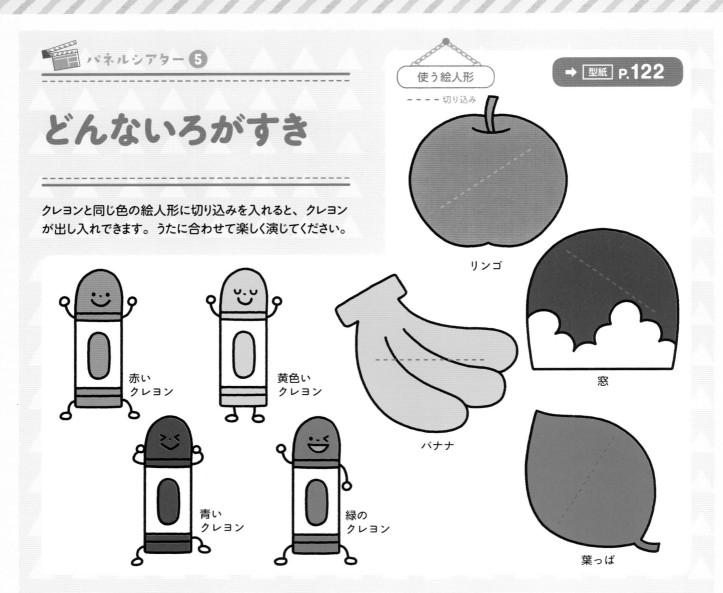

リンゴ

窓

バナナ

葉っぱ

赤い
クレヨン

黄色い
クレヨン

青い
クレヨン

緑の
クレヨン

1

保育者 「みんなはお絵描きするとき、どの色をいちばん使うかな？ 『どんないろがすき』を歌いながら考えてみてね」

（赤いクレヨンを貼る。）

うた ♪ どんないろが　すき　あか
　　　あかいいろが　すき

2

（リンゴを貼り、切り込みから赤いクレヨンを引き出す。）

うた ♪ いちばんさきに　なくなるよ
　　　　あかいクレヨン

3

（青いクレヨンを貼る。）

うた ♪ どんないろが　すき　あお
　　　　あおいいろが　すき

（窓を貼り、切り込みから青いクレヨンを引き出す。）

♪ いちばんさきに　なくなるよ
　　あおいクレヨン

4

（黄色いクレヨンを貼る。）

うた ♪ どんないろが　すき　きいろ
　　　　きいろいいろが　すき

（バナナを貼り、切り込みから
黄色いクレヨンを引き出す。）

♪ いちばんさきに　なくなるよ
　　きいろいクレヨン

5

（緑のクレヨンを貼る。）

うた ♪ どんないろが　すき　みどり
みどりいろがすき

（葉っぱを貼り、切り込みから緑のクレヨンを引き出す。）

♪ いちばんさきに　なくなるよ
みどりのクレヨン

6

（赤、青、黄色、緑のクレヨンを貼る。）

うた ♪ いろ　いろ　いろ　いろ
いろんないろがある

7

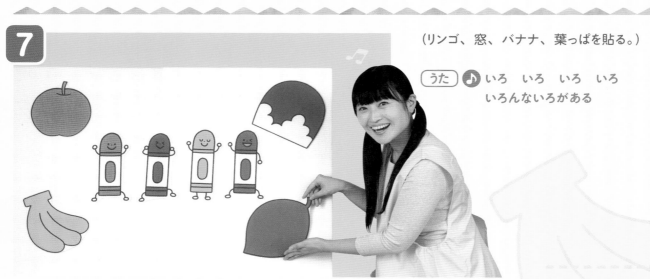

（リンゴ、窓、バナナ、葉っぱを貼る。）

うた ♪ いろ　いろ　いろ　いろ
いろんないろがある

8

（それぞれの色に合ったクレヨンを、近くに貼る。）

うた ♪ どんないろが　すき　ぜんぶ
　　　ぜんぶのいろが　すき
　　　みんないっしょに　なくなるよ
　　　ぜんぶのクレヨン
　　　ぜんぶのクレヨン

保育者 「どの色をいちばん使っているか、
　　　思い出した？　また楽しくお絵描
　　　きをしようね」

♪ **どんないろがすき**　作詞・作曲／坂田 おさむ

1. どんないろが すき あか　　あかいいろ がすき　　いちばんさきに
2. どんないろが すき あお　　あおいいろ がすき　　いちばんさきに
3. どんないろが すき きいろ　きいろいいろがすき　いちばんさきに
4. どんないろが すき みどり　みどりいろがすき　　いちばんさきに
5. どんないろが すき ぜんぶ　ぜんぶのいろがすき　みーんないっしょに

1.2.3.　　　　　　　　　　　　　**4.**

なくなるよ　　あかいクレヨン　　みどりのクレヨン　　いろいろ
なくなるよ　　あおいクレヨン
なくなるよ　　きいろいクレヨン
なくなるよ
なくなるよ

いろ いろ　いろんないろがあるーー　いろ いろ いろ いろ

5.

いろんないろがある　　ぜんぶのクレヨン　　ぜんぶのクレヨン

 パネルシアター⑥

グーチョキパーで なにつくろう

動画見本

→ 型紙 P.126

手あそびだけでなく、ジャンケンあそびも楽しめる作品です。
自由な使い方で子どもたちと楽しんでください。

使う絵人形

 グー〈右〉 グー〈左〉 チョキ〈右〉 チョキ〈左〉

 パー〈右〉  パー〈左〉

カニ

ちょうちょう

かたつむり

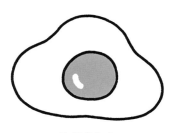
めだまやき

おすもうさん

ゴリラ

1

（グー、チョキ、パー、を両手分貼る。）

保育者 「みんな、ジャンケンはできるかな？
今日はジャンケンで使うグー、チョキ、
パーが出てくる『グーチョキパーでなに
つくろう』のうたを歌おうね」

2

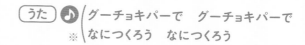

うた ♪「グーチョキパーで　グーチョキパーで
※　なにつくろう　なにつくろう

（右手と左手のチョキを指さし、横にカニを貼る。）

♪　みぎてが　チョキで
ひだりても　チョキで
かにさん　かにさん

3

※以下、絵人形に応じて、歌詞を変え、2と同様に演じる。

うた ♪（※繰り返し）
みぎてが　パーで　ひだりても　パーで
ちょうちょさん　ちょうちょさん

4

うた ♪（※繰り返し）
みぎてが　チョキで
ひだりてが　グーで
かたつむり　かたつむり

27

5

うた ♪ （※繰り返し）
みぎてが　グーで
ひだりてが　パーで
めだまやき　めだまやき

6

うた ♪ （※繰り返し）
みぎてが　パーで
ひだりても　パーで
おすもうさん　おすもうさん

7

うた ♪ （※繰り返し）
みぎてが　グーで
ひだりても　グーで
ゴリラさん　ゴリラさん

8 （できたものを並べる。）

保育者「グーチョキパーで　いろんなものを作れたね。みんなもグー、チョキ、パーでどんなものが作れるのか、考えてみてね」

＼どっちが強いかな？／

＼グーが勝ち！／

アレンジ
グーチョキパーの説明

言葉かけ例

「グーは石、チョキはハサミ、パーは紙をあらわしているよ。石はハサミでは切れないから、グーはチョキに勝てるけど、パーの紙には包まれて負けてしまうね。チョキのハサミは、パーの紙を切れるから勝ちになるよ」

♪ **グーチョキパーでなにつくろう**　フランス民謡　作詞／山本省三

にじ

シャベル、Tシャツ、リュックサックの表情の違いを、大きなリアクションで表現豊かに演じてみてください。

使う絵人形 　→ 型紙 P.130

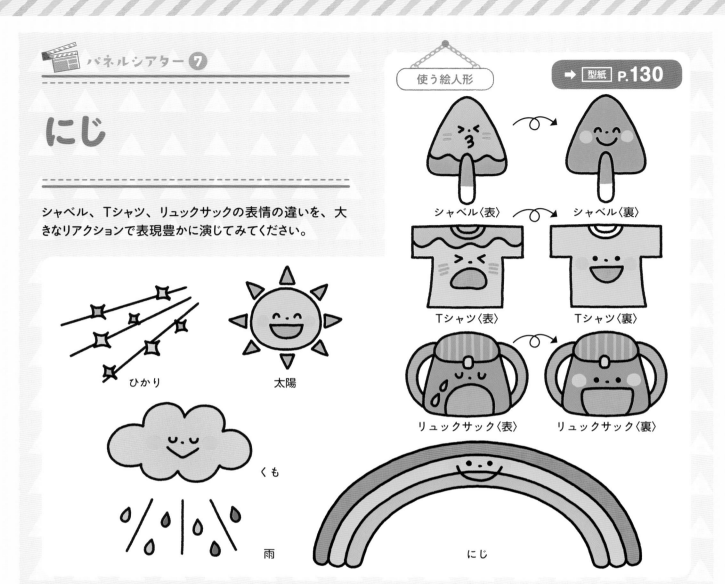

シャベル〈表〉　　シャベル〈裏〉

Tシャツ〈表〉　　Tシャツ〈裏〉

リュックサック〈表〉　　リュックサック〈裏〉

ひかり

太陽

くも

雨

にじ

1

（くも、雨を貼る）

保育者 「みんな、雨がやんだあとに、空にかかるもの、何か知っているかな？　そう、にじだね。みんなで『にじ』のうたを歌おう」

（シャベル〈表〉を貼る。）

うた ♪にわのシャベルが
　　いちにちぬれて

2

（雨をとる。）

うた　♪ あめがあがって
　　　　くしゃみをひとつ

3

（くもを移動させ、太陽とひかりを貼る。）

うた　♪ くもがながれて
　　　　ひかりがさして

4

（にじを貼る。）

うた　♪ みあげてみれば　ラララ
　　　　にじがにじが
　　　　そらにかかって

（シャベルを裏返す。）

　♪ きみのきみの
　　きぶんもはれて
　　きっとあしたは　いいてんき
　　きっとあしたは　いいてんき

5

（シャベル〈裏〉を下のほうへ移動させ、くも、
雨、Ｔシャツ〈表〉を貼る。）

うた ♪ せんたくものが
　　　いちにちぬれて
　　　かぜにふかれて
　　　くしゃみをひとつ

6

（雨をとり、くもを移動させ、太陽とひかりを貼る。）
うた ♪ くもがながれて
　　　　ひかりがさして
（虹を貼る。）
　　　♪ みあげてみれば　ラララ
　　　　にじがにじが
　　　　そらにかかって
（Ｔシャツを裏返す。）
　　　♪ きみのきみの
　　　　きぶんもはれて
　　　　きっとあしたは　いいてんき
　　　　きっとあしたは　いいてんき

7

（Ｔシャツ〈裏〉をシャベルの横に移動させ、
くも、雨、リュックサック〈表〉を貼る。）

うた ♪ あのこのえんそく
　　　いちにちのびて
　　　なみだかわいて
　　　くしゃみをひとつ

8

（雨をとり、くもを移動させ、太陽と光を貼る。）

うた ♪ くもがながれて
　　　ひかりがさして

（にじを貼る。）

　　♪ みあげてみれば　ラララ
　　　にじがにじが
　　　そらにかかって

（リュックサックを裏返す。）

　　♪ きみのきみの
　　　きぶんもはれて
　　　きっとあしたは　いいてんき
　　　きっとあしたは　いいてんき

保育者 「きれいなにじを見つけると、とてもうれしくなるよね。今度雨がやんだときに一緒に探そうね！」

♪ にじ　作詞／新沢 としひこ　作曲／中川 ひろたか

1. に　わ　の　シャベルが－　　いちにちぬれて－　　あめが　あがって－
2. せ　ん　た　くものが－　　いちにちぬれて－　　かぜに　ふかれて－　　くしゃみをひとつ－
3. あのこの　えんそく－　　いちにちのびて－　　なみだ　かわいて－

くもが　ながれて－　　ひかりが　さして－　　みあげて　みれば－　　ラ　ラ　ラ

にじが　にじが－　　そらに　かかって－　　きみの　きみの－　　きぶん　もはれて－

きっと　あしたは－　　いい　てんき－　　きっと　あしたは　いいてんき

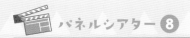

はたらくくるま

車は好きな向きで作ってください。裏打ち（P.5参照）を
すると、道路の上に貼ることができます。

使う絵人形 → 型紙 P.133

郵便車

清掃車

救急車

はしご消防車

カーキャリア

パネルバン

レッカー車

タンクローリー

フォークリフト

ブルドーザー

ショベルカー

ダンプカー

こわれた車

道路

1

（道路とこわれた車を貼る。）

保育者　「みんなはどんな車を知っている
かな？　今日はいろいろな種類
の働く車を知ることができる『は
たらくくるま』のうたを、みんなで
歌おうね！」

うた　♪ のりもの　あつまれ
いろんな　くるま
どんどんでてこい
はたらくくるま

2

（郵便車を走らせ、ポストの前に貼る。）

うた ♪ はがきや　おてがみ　あつめる
　　　　ゆうびんしゃ（ゆうびんしゃ）

3

（清掃車を走らせ、ゴミバケツの前に貼る。）

うた ♪ まちじゅう　きれいに　おそうじ
　　　　せいそうしゃ（せいそうしゃ）

4

（救急車を病院の前、はしご消防車を火事
のビルの前に貼る。）

うた ♪ けがにん　びょうにん
　　　　いそいで　きゅうきゅうしゃ
　　　　（きゅうきゅうしゃ）

　　　♪ ビルの　かじには
　　　　はしごしょうぼうしゃ
　　　　（はしごしょうぼうしゃ）

5

（道路上に貼った車を指さしたり、運転をするしぐさ
をしたりする。）

うた ♪ いろんなくるまが　あるんだなあ
　　　いろんなおしごと　あるんだなあ
　　　はしる　はしる　はたらくくるま

6

（2〜5で出てきた車を、道路からとる。）

うた ♪ のりもの　あつまれ
　　　いろんな　くるま
　　　どんどんでてこい　はたらくくるま

（2〜5同様に、車をそれぞれの場所に貼る。）

♪ じどうしゃ　いっぱい　はこべる
　　カーキャリア（カーキャリア）

7

（2〜5同様に、車をそれぞれの場所に貼る。）

うた ♪ ひっこし　にもつは　おまかせ
　　　パネルバン（パネルバン）

♪ こわれた　くるまを　うごかす
　　レッカーしゃ（レッカーしゃ）

♪ ガソリン　まんたん　はいたつ
　　タンクローリー（タンクローリー）

8

（道路上に貼った車を指さしたり、運転をするしぐさ
をしたりする。）

うた ♪ いろんなくるまが　あるんだなあ
　　　いろんなおしごと　あるんだなあ
　　　はしる　はしる　はたらくくるま

9

（6～8で出てきた車を道路からとる。）

うた ♪ のりもの　あつまれ
　　　いろんな　くるま
　　　どんどんでてこい　はたらくくるま

（2～5同様に、車をそれぞれの場所に貼る。）

♪ おもたいにもつをあげさげ
　フォークリフト（フォークリフト）

10

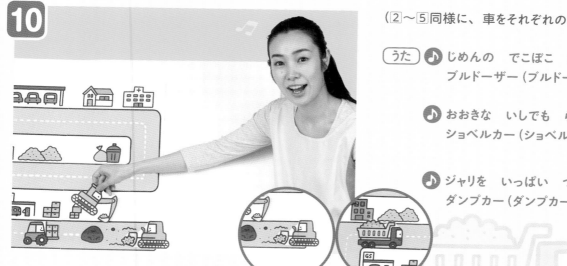

（2～5同様に、車をそれぞれの場所に貼る。）

うた ♪ じめんの　でこぼこ　たいらに
　　　ブルドーザー（ブルドーザー）

♪ おおきな　いしでも　らくらく
　ショベルカー（ショベルカー）

♪ ジャリを　いっぱい　つみこむ
　ダンプカー（ダンプカー）

11

（道路上に貼った車を指さしたり、運転をするしぐさをしたりする。）

うた ♪ いろんな　くるまが　あるんだなあ
　　　 いろんな　おしごと　あるんだなあ
　　　 はしる　はしる　はたらく　くるま

12

（子どもたちに問いかけながら、すべての車をもう一度それぞれの場所に貼る。）

保育者 「働く車、まだまだあるかな？　今度はお散歩しながら探してみようね」

アレンジ　何の車かな？　あてっこゲーム

保育者のジェスチャーがどの働く車をあらわしているか、子どもにあててもらう。

手にホースを
持っているしぐさ
▼
はしご消防車

郵便物を
配るしぐさ
▼
郵便車

♪ はたらくくるま　作詞／伊藤 アキラ　作曲／越部 信義

のりもの　あつまれー　いろんな　くるまー　どんどん でてこい はたらくくる まー　ー

1. はがきやおてがみ　あつめる　ゆうびんしゃ　（ゆう びん しゃ）　まちじゅうきれいに
2. じどうしゃいっぱい　はこべる　カーキャリア　（カー キャリア）　ひっこしにもつは
3. おもたいにもつを　あげさげフォークリフト　（フォーク リフ ト）　じめんのでこぼこ

おそうじせいそう しゃ　（せい そう しゃ）　けがにんびょうにん　いそいできゅうきゅう
おまかせパネルバ ン　（パネルバ ン）　こわれたくるまを　うごかす レッカー
たいらにブルドーザー　（ブル ドー ザー）　おおきないしでも　らくらくショベル カ

しゃ　（きゅう きゅう しゃ）　ビルのかじには　は し ご しょうぼう しゃ　（はしご しょうぼうしゃ）
しゃ　（レッ カー しゃ）　ガソリンまんたん　はいたつ タンク ロー リー　（タンク ロー リー）
ー　（ショベ ルカ ー）　ジャリを いっぱい　つみこむ ダン プカ ー　（ダン プカ ー）

いろん な　くるまがー　あるん だ なあ　いろん な　おしごとー　あるん だ

なあ　はしる！ はしる！ はたらくくる まー

to ⊕ | **1.** | **2.** |

⊕ *Coda*

D.S.

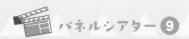

さよなら ぼくたちのほいくえん

素敵な曲をパネルシアターで演じてみましょう。「ほいくえん」を「ようちえん」に変えて歌ってもよい作品です。

使う絵人形　　→ 型紙 P.140

笑い顔　　泣き顔

マスクの顔　　汗の顔

痛そうな顔　　怒った顔

保育園　　太陽

桜の木　　ゆきだるま

水

ランドセル

1

（保育園と太陽を貼る。）

保育者「もうすぐ卒園式があるね。今日は保育園であった、いろいろなできごとを思い出しながら、『さよなら ぼくたちのほいくえん』を歌おうね」

（太陽を保育園の上で、左右に動かす。）

うた ♪ たくさんのまいにちを　ここですごしてきたね

2

（笑い顔、泣き顔、マスクの顔を順番に貼る。）

（うた）♪ なんど　わらって
　　　　なんど　ないて
　　　　なんど　かぜをひいて

（絵人形の顔を指さす。）

（うた）♪ たくさんの　ともだちと
　　　　ここで　あそんできたね

3

（汗の顔、痛そうな顔、怒った顔を順番に
貼る。）

（うた）♪ どこで　はしって
　　　　どこで　ころんで
　　　　どこで　けんかを　して

4

（子どもの顔をすべてとり、桜の木とランド
セルを貼る。）

（うた）♪ さよなら　ぼくたちのほいくえん
　　　　ぼくたちのあそんだにわ
　　　　さくらのはなびらふるころは
　　　　ランドセルの　いちねんせい

5

（桜の木とランドセルをとり、再び太陽を保育園の上で動かす。）

うた ♪ たくさんのまいにちを
　　　ここですごしてきたね

（笑い顔、泣き顔を貼る。）

うた ♪ うれしいことも　かなしいことも
　　　きっと　わすれない

6

（水とゆきだるまを順番に貼る。）

うた ♪ たくさんのともだちと
　　　ここであそんできたね
　　　みずあそびも　ゆきだるまも
　　　ずっと　わすれない

♪ さよなら　ぼくたちのほいくえん
　　ぼくたちの　あそんだにわ

7

（子どもの顔、水、ゆきだるまをとり、ランドセルを貼る。）

うた ♪ このつぎ　あそびに　くるときは
　　　ランドセルの　いちねんせい

8

（桜の木を貼る。）

うた ♪ さよなら ぼくたちのほいくえん
ぼくたちの　あそんだ　にわ
さくらのはなびら　ふるころは
ランドセルの　いちねんせい

保育者 「もうすぐ1年生になるのが楽し
みだね。その日まで保育園でた
くさんあそぼうね！」

♪ **さよなら ぼくたちのほいくえん**　作詞／新沢 としひこ　作曲／島筒 英夫

1.2. たくさん の まいにちを ここです ごしてきた ね

{ なんど わらって なんど ないて なんど かぜをひい て }
{ うれしい こと も かなしい こと も きっと わ すーれな い }

たくさん の ともだちと ここであ そんできた ね

{ どこで はしって どこで ころん で どこで けんかをして － }
{ みずー あそびも ゆきー だるまも ずっと わ すーれない － }

さよなら ぼくたちの ほいくえん ぼくた ちのあ そんだにわ －

{ 1.3. さくらの は なーびら ふるころ は }
{ 2. こ のつぎ あ そーびに くるとき は }

ランド セルの － いちねん

1. せい た く さ

2. せい

D.S.

Coda せい

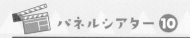

ブレーメンの音楽隊

使う絵人形 → 型紙 P.142

クライマックスでは、動物たちを裏返して縦に並べ、黒い影で泥棒を驚かせましょう！

イヌ〈表〉　イヌ〈裏〉

ロバ〈表〉　ロバ〈裏〉

窓

ネコ〈表〉　ネコ〈裏〉

ニワトリ〈表〉　ニワトリ〈裏〉

泥棒1　泥棒2

1

保育者「音楽隊に入りたい動物さんたちのお話、『ブレーメンの音楽隊』のはじまりはじまり」

（ロバを貼る。）

保育者「昔むかし、おじいさんになったロバが、飼い主から家を追い出されてしまいました」

ロバ「ベヘーン、わしは、もう荷物が運べないから、えさがもったいないとさ。仕方ない、ブレーメンの町へいって、音楽隊に入るとするか」

2

ワンワン！

（イヌを貼る。）

保育者 「ロバがとぼとぼ歩いていくと、イヌに会いました」

イヌ 「ワンワン、年をとって、番犬の役目をしないからって捨てられたんだ」

ロバ 「べヘーン、それならブレーメンへいって、一緒に音楽隊に入ろうよ」

イヌ 「ワンワン、それはいい」

3

ニャア！

（ネコを貼る。）

保育者 「次はネコに会いました」

ネコ 「ニャア、近頃ネズミを捕らないからって、家を出ていけって言われたの」

ロバ 「べヘーン、それならブレーメンへいって、一緒に音楽隊に入ろうよ」

ネコ 「ニャア、いきます！」

4

コケッコ！

（ニワトリを貼る。）

保育者 「今度はニワトリに会いました」

ニワトリ 「コケッコ、朝、鳴くのを忘れて、目覚ましにならないって、追い出されたんだ」

ロバ 「べヘーン、それならブレーメンへいって、一緒に音楽隊に入ろうよ」

ニワトリ 「コケッコ、連れていってください」

5

（窓と泥棒たちを貼る。）

保育者「だんだんあたりは暗くなり、ブレーメンにいく途中、夜になりました。みんなおなかも空いてきました。すると、森の中に一軒の家が見えてきました」

保育者「家に近づくと、中から声が聞こえてきます」
泥棒1「今日盗んだ宝物は、宝石だったぞ」
泥棒2「こっちは、金ののべ棒だ」
保育者「男たちは泥棒だったのです」

6

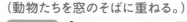

（動物たちを窓のそばに重ねる。）

ロバ「べヘーン、よし、泥棒たちを家から追い出そう。みんな、わしの背中にのって」

7

（重ねた動物を裏返し、影にする。）

保育者「動物たちは大きな影になり、いっぺんに鳴きました」
動物たち「べヘーン、ワン、ニャー、コケッコー！」

8

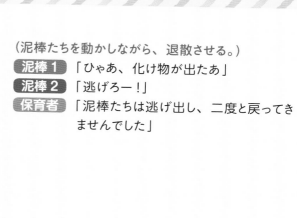

（泥棒たちを動かしながら、退散させる。）

泥棒1 「ひゃあ、化け物が出たあ」

泥棒2 「逃げろー！」

保育者 「泥棒たちは逃げ出し、二度と戻ってきませんでした」

9

（動物を元に戻して、窓の反対側に貼る。）

保育者 「家の中には、ごちそうがいっぱいありました。それを食べながら、ロバたちは相談しました。そして、この家でみんな仲良く暮らすことに決めました。よかったね。おしまい」

アレンジ

しりとり

登場する動物を使って、子どもたちとしりとりあそび。

保育者
「いぬ、"ぬ"のつくもの、何かな？」

保育者
「ねこ、"こ"……こけこっこ？」

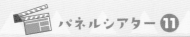

オオカミと
7ひきの子ヤギ

子ヤギ7とオオカミは表裏があるので、忘れずに作って、
楽しく演じてくださいね。

使う絵人形 → 型紙 P.145

子ヤギ1　　子ヤギ2

お母さんヤギ

子ヤギ3　　子ヤギ4　　子ヤギ5　　子ヤギ6

オオカミ〈表〉　　オオカミ〈裏〉

子ヤギ7〈表〉　　子ヤギ7〈裏〉

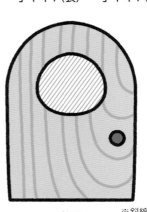

ドア　　※斜線部分は
　　　　切り抜きます。

時計

1

| 保育者 | 「『オオカミと7ひきの子ヤギ』のお話、はじまりはじまり」 |

（子ヤギ、お母さんヤギ、ドア、時計を貼る。）

保育者	「あるところに、お母さんヤギと、7ひきの子ヤギが仲良く暮らしていました」
お母さんヤギ	「おつかいにいってくるから、お留守番をしていてね。オオカミがやってきても、決してドアをあけてはいけませんよ。食べられてしまいますからね」
子ヤギたち	「はーい。いってらっしゃーい」

パネルシアター⑪

2

（お母さんヤギをとり、オオカミ〈表〉を貼る。）
保育者　「そこへ、オオカミがやってきました」
オオカミ　「しめしめ、子ヤギたちだけで留守番か」

（オオカミをドアに近づけ、ガラガラ声でセリフを言う。）
オオカミ　「トントン、お母さんですよ。忘れ物をしたの。ドアをあけてちょうだい」
子ヤギたち　「お母さんはそんなガラガラ声じゃないよ。ちょっと手を見せてよ」

3

（ドアの窓から、オオカミの手を見せる。）
オオカミ　「ほら、見せたから、あけてちょうだい」
子ヤギたち　「お母さんの手は白いもん。そんな茶色の手はオオカミに決まってる！　ぜったいあけないよ」

4

（オオカミを裏返して待つ。）
オオカミ　「チェッ、はちみつをなめて声をよくし、手に白い粉を塗ってこようっと」

5

（白い手をドアの窓から見せ、高めの声でセリフを言う。）

オオカミ 「トントン、ただいま。お母さんですよ。ほら、声はきれいだし、手も真っ白よ」

子ヤギたち 「ほんとだ、お母さんだ！ オオカミじゃないね」

子ヤギたち 「おかえりなさーい」

6

ガオー！

（ドアをとり、オオカミを真ん中に貼る。食べられた子ヤギをとっていく。子ヤギ7を裏返す。）

オオカミ 「ガオー、だまされたな」

子ヤギたち 「わあ、オオカミだ。助けてー！」

オオカミ 「みんな食べてやる、ガブリ、ガブリ、ガブリ！」

7

子ヤギ7 「怖いよう。食べられないようにどこかに隠れなくちゃ」

（子ヤギ7を時計の中に隠すように貼る。）

（オオカミをうろうろさせる。）

オオカミ 「ガブリ、ガブリ、ガブリ。あれ、もう1ぴきいるはずだけどな」

（オオカミを横にして貼る。）

オオカミ 「まあ、おなかがいっぱいだからいいや。ひと眠りしよう。グー、グー、グー」

8

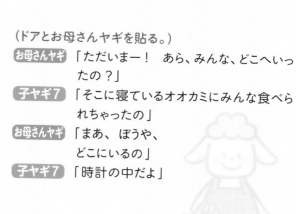

（ドアとお母さんヤギを貼る。）

お母さんヤギ「ただいまー！　あら、みんな、どこへいったの？」

子ヤギ7「そこに寝ているオオカミにみんな食べられちゃったの」

お母さんヤギ「まあ、ぼうや、どこにいるの」

子ヤギ7「時計の中だよ」

9

（時計から子ヤギ7を出し、〈表〉にする。お母さんヤギをオオカミに近づける。）

子ヤギたち「お母さん、出してー」

お母さんヤギ「オオカミのおなかの中からだわ。ハサミでおなかを切って助けましょう。チョキチョキチョキ」

（子ヤギ1～6を貼っていく。）

お母さんヤギ「オオカミのおなかに石を詰めて、縫っておきましょう。チクチクチク」

10

（オオカミを起こし、ドアの外へ出す。）

オオカミ「ファ～、よく寝た。のどがかわいたなあ。川で水を飲んでこようっと。わぁ～おなかが重いよ～」

保育者「おなかに石の入ったオオカミは、川に落ちて、どこかへ流されていってしまいました。ヤギたちの家にくることは二度とありませんでした。おしまい」

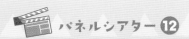
ももたろう

→ 型紙 P.**147**

使う絵人形

桃が2つに割れるしかけになっているので、ももたろうを
元気いっぱいに登場させてください。

おじいさん　　おばあさん

桃　　サル　　イヌ　　キジ

包丁　　ももたろう〈赤ちゃん〉　　宝物　　ももたろう〈青年〉　　鬼

1

保育者　「みんなは、くだものは何が好きかな？
　　　　桃が好きな人はいる？　今日はその桃が
　　　　出てくる『ももたろう』のお話をはじめるよ」

（おばあさんと、赤ちゃんを下に隠した桃を貼る。）
保育者　「昔、あるところにおじいさんとおばあさん
　　　　がいました」
保育者　「ある日、おばあさんが川へ洗濯にいくと、
　　　　大きな桃がドンブラコッコ、スッコッコと流れ
　　　　てきました。おばあさんは桃に言いました」
おばあさん　「こっちゃこい、こっちゃこい」
保育者　「すると桃は、おばあさんのほうにスーッと
　　　　近づいてきました」

2

パッカーン！

（おじいさんを貼り、おばあさんに包丁を持たせる。）

保育者　「桃を持って帰ったおばあさんは言いました」

おばあさん　「おじいさん、見てください。川で大きな桃を拾いました」

おじいさん　「ほう、これは見事な桃じゃ」

おばあさん　「割ってみましょうね」

保育者　「おばあさんが大きな桃を包丁で切ろうとしたとたん、パッカーン！」

（桃を2つに割って、下に隠していた赤ちゃんを出す。）

ももたろう　「おぎゃあ、おぎゃあ」

保育者　「なんと、中から、元気な赤ちゃんが飛び出てきました」

3

（桃、赤ちゃん、包丁をとり、ももたろう〈青年〉を貼る。）

保育者　「おじいさんとおばあさんは、赤ちゃんを桃から生まれたので『ももたろう』と名づけて、大切に育てました。立派な若者になったももたろうは、ある日、おじいさんたちに言いました」

ももたろう　「これから、鬼ヶ島にいって、宝物を奪う鬼を退治してくるよ」

4

（おじいさん、おばあさんをとり、サルを貼る。）

保育者　「ももたろうは、おばあさんが作ったキビ団子を腰につけて、鬼ヶ島へ出かけました。すると途中でサルに会いました」

サル　「キッキ、ももたろうさん、腰につけたキビ団子をくださいな」

ももたろう　「いいとも、あげよう」

サル　「キッキ、それなら、鬼退治におともします」

5

（イヌを貼る。）

保育者　「しばらく歩いていくと、イヌがそばにやってきました」

イヌ　「ワンワン、ももたろうさん、腰につけたキビ団子をくださいな」

ももたろう　「いいとも、あげよう」

イヌ　「ワンワン、それなら、鬼退治におともします」

6

（キジを貼る。）

保育者　「今度は、キジがやってきました」

キジ　「ケーン、ももたろうさん、腰につけたキビ団子をくださいな」

ももたろう　「いいとも、あげよう」

キジ　「ケーン、それなら、鬼退治におともします」

7

（ももたろうたちを移動させ、鬼を貼る。）

保育者　「ももたろうたちが鬼ヶ島に着くと鬼が現れました」

鬼　「やい、お前たち、何しにきた」

ももたろう　「宝物を取り返しにきたんだ」

鬼　「何を生意気な、金棒で叩き潰してやる」

保育者　「鬼が金棒を振り回し、あばれはじめました」

8

（鬼のまわりをももたろうたちで囲む。）

サル 「キッキ、ひっかいてやる」
イヌ 「ワンワン、かみついてやる」
キジ 「ケーン、つっついてやる」
ももたろう 「それっ、飛びげりだあ！」

（鬼を倒す。）

鬼 「イタタタ、降参だあ。宝物を奪って
ごめんなさい」

9

（鬼をとり、宝物、おじいさん、おばあさんを貼る。）

保育者 「ももたろうたちは、鬼ヶ島から宝物を持ち
帰りました。おじいさんたちや村の人たち
は大よろこび。鬼もこなくなったので、
みんな楽しく幸せに暮らしました。
おしまい」

ア レ ン ジ 　早口言葉

桃早口言葉

「すももも ももも もものうち」

鬼早口言葉

「パパ鬼がパフェ、
ママ鬼もパフェ、小鬼もパフェ」

おじいさん・おばあさん早口言葉

「おじいさんとおばあさんに
おあやまりなさい」

金のガチョウ

パネルシアター ⑬

使う絵人形　→ 型紙 P.150

小人

若者〈表〉　若者〈裏〉

宿屋の娘さん　肉屋のおじさん

粉屋のおばさん　王様　お姫様〈表〉　お姫様〈裏〉

1列にくっついて並んだり、ばらばらに離れたり、といった
動きのある楽しい場面を簡単に演じることができます。

1

（保育者）「今から、不思議な『金のガチョウ』の
お話をするね」

（若者〈裏〉を貼る。）
（保育者）「その昔、気のやさしい若者が、旅に
出かけました。途中の山の中で、おじ
いさんの小人に会いました」

2

（小人を貼る。）

小人　「わしは、おなかがペコペコなんだ。
その持っているパンをくれないかい」

若者　「パンはぼくのお昼ごはんだけど、よかったら食べてください。ぼくはがまんできますから」

小人　「そうかい、すまないね。ありがとう」

3

（若者を裏返す。）

保育者　「小人は、お礼に金のガチョウをくれました」

小人　「この金のガチョウを持っていれば、
きっといいことがあるはずじゃ」

若者　「はい。大切にします」

4

ペタッ！

（小人をとり、宿屋の娘さんを若者にくっつけて貼る。）

保育者　「その晩、若者は山のふもとの宿屋に泊まりました。翌朝、宿屋の娘さんが言いました」

娘　「まあ、金のガチョウ！
羽根を1枚くださいな」

若者　「どうぞ」

保育者　「ところが娘さんが
金のガチョウに触ったとたん、
手がペタッ！とくっついて
離れなくなりました」

5

ペタッ！

（肉屋のおじさんを宿屋の娘さんにくっつけて貼る。）

保育者　「若者は、仕方なく、娘さんを連れて、旅を続けることにしました。町にいくと肉屋のおじさんが若者たちを見つけて言いました」

おじいさん　「ソーセージと金の羽根1枚を取り換えてやろう」

若者　「いいですとも」

保育者　「すると、肉屋のおじさんの手も、娘さんにペタッ！とくっついて離れなくなりました」

6

ペタッ！

（粉屋のおばさんを肉屋のおじさんにくっつけて貼る。）

保育者　「そこへ粉屋のおばさんもやってきました」

おばあさん　「まあまあ、きれいな金のガチョウだこと。粉1袋と金の羽根を1枚、取り換えてやろうかね」

若者　「お願いします」

保育者　「すると粉屋のおばさんの手もペタッ！」

7

シクシク

（王様とお姫様〈表〉を貼る。）

保育者　「若者は、みんながくっついたまま歩き続けました。やがてお城の前に着きました。お城では、王様が困っていました」

王様　「困った困った。わしの娘は、生まれてから笑ったことがないんじゃ。笑わせてくれたら、わしの跡継ぎにしてもよいのじゃがなあ」

お姫様　「なぜか悲しいの、シクシク、シクシク」

8

<table>
<tr><td>お姫様</td><td>「あら、あれは何かしら、シクシク。金のガチョウを先頭に、おかしな行列ねえ。シクシク」</td></tr>
<tr><td>保育者</td><td>「すると、眺めているうちに……」</td></tr>
</table>

（お姫様を裏返す。）

お姫様	「ウフフ、ほんとにおかしな行列だこと。こんなもの見たことがないわ。ウフフ、ウフフ、アハハ、アハハハハ！」
王様	「おお！ 娘がはじめて笑ったぞ！」

9

（それぞれ離してばらばらに貼る。）

保育者	「すると不思議なことに、お姫様が笑ったとたん、みんなの手が、ぱらぱらと離れたのです」
お姫様	「アハハ、アハハ、今度はばらばらになったわ。ああ、おかしい」
王様	「おーい。そこの若者、お城にきなさい」

10

（娘さん、おじさん、おばさんをとり、若者とお姫様を並べて貼る。）

保育者	「お姫様は自分を笑わせてくれた若者を気に入りました。若者もお姫様を見たとたんに、好きになりました」
王様	「娘と結婚して、この国の王様になってくれないか」
若者	「はい、かしこまりました」
保育者	「こうして、若者はお姫様とずっと幸せに暮らしました。おしまい」

たなばた

動画見本

子どもたちにたなばたの由来をわかりやすく伝えられます。カ
ササギは裏打ち(P.5参照)をして、天の川の上にも貼ります。

使う絵人形 → 型紙 P.153

星×2

雨

天の川

ひこ星

おり姫

反物

ウシ

機織り機

カササギ×5

王様

1

保育者 「みんな、もうすぐ七夕だね。今日は『た
なばた』のお話をするね。はじまりはじまり」

(おり姫、ひこ星を貼り、それぞれの近くに星を貼る。)

保育者 「空の星の国に、おり姫という娘さんと、
ひこ星という青年がいました。おり姫は
ひこ星が大好きで、ひこ星もおり姫が大
好きでした」

60

2

（王様を貼る。）

保育者「2人は、仕事もしないで、毎日会っておしゃべりばかり。それを見た星の国の王様は、カンカンに怒りました」

王様「働かない者は許さん！　2人はもう会ってはならんぞ。天の川をはさんで暮らしなさい」

3

（天の川を貼って、おり姫とひこ星を離す。）

保育者「こうして、2人は離れ離れで暮らすことになりました」

（王様をとる。）

4

（ひこ星のそばにウシを貼る。）

ひこ星「ああ、おり姫に会いたいなあ。さみしさを忘れるために、たくさん働いて、ウシを立派に育てることにしよう」

（おり姫のそばに機織り機、反物を貼る。）

おり姫「ひこ星に会いたいわ……。せっせと機織りをして、会えないさみしさを忘れましょう」

※反物とは着物を作るための布のこと。機織り機は反物を作るための機械。

5

（王様を貼る。）

保育者 「ひこ星とおり姫が、一生懸命働いているのを知った王様は、2人に言いました」

王様 「2人が、これからもウシの世話と機織りを一生懸命するなら、年に一度、7月7日に会わせてやろう」

6

（王様、ウシ、機織り機、反物をとる。）

保育者 「そして、待ちに待った7月7日がやってきました」

おり姫 「ああ、うれしいわ。今夜ひこ星に、天の川の上で会えるのね」

ひこ星 「雨が降ると、天の川が深くなって、渡れなくなるんだ。どうか雨が降りませんように」

7

（王様と雨を貼る。）

保育者 「でも、夕方から雨が降ってきました。2人ががっかりしているのを見て王様は、天に向かって言いました」

王様 「おーい、天の川に橋をかけてやりなさい」

8

（王様と雨をとり、カササギを天の川にかけるように
貼る。）

保育者「するとどこからともなく、鳥のカササギ
が飛んできて、翼を広げると、橋の形
になりました」

9

（カササギの橋の上に、おり姫とひこ星を貼る。）

ひこ星「王様、ありがとうございます」

おり姫「カササギさんたち、ありがとう」

保育者「こうして、おり姫とひこ星は、7月7日
に毎年会えるようになったのです。これ
が七夕のはじまりです。おしまい」

アレンジ **スリーヒントクイズ**　3つのヒントで答えるクイズ

ヒント**1**
きれいに
光ります。

ヒント**2**
数えても全部は
数えきれない。

ヒント**3**
川になったり、
流れたりする。

答え：星

ヒント**1**
"ぼうし"の中に
隠れている。

ヒント**2**
黒や茶色、
白黒模様がいる。

ヒント**3**
もぐもぐと草を
たくさん食べている。

答え：ウシ

ヒント**1**
すもうにあるけれど、
空手にはない。

ヒント**2**
しりにはあるけれど、
むねにはない。

ヒント**3**
ちりにはあるけれど、
ごみにはない。

答え：トリ

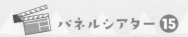
おむすびころりん

切り込みを入れた穴が、ネズミの国への入り口です。スムーズに出し入れできるよう、大きさを確認しながら作ってください。

使う絵人形 → 型紙 P.156

おじいさん

おばあさん

隣のおじいさん〈表〉　　隣のおじいさん〈裏〉

おむすび

ごちそう

宝箱

ネズミ1　　ネズミ2　　ネズミ3

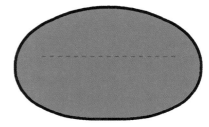
穴　　- - - - 切り込み

1

（おじいさんと、おむすび、穴を貼る。）

保育者「みんな、おむすびの具は何が好きかな？　今日のお話は、おむすびを穴に落として、不思議なことが起こった『おむすびころりん』のお話だよ。さあ、はじまりはじまり」

保育者「昔むかし、おじいさんが、山へたきぎを拾いにいきました」

おじいさん「おなかが空いたのう。おばあさんが作ったおむすびを食べるとしよう」

2

（おむすびを穴の切り込みに差し入れる。おじいさんを持って、おむすびを追いかけるしぐさをする。）

保育者 「ところが、おじいさんはおむすびを落としてしまいました」

おじいさん 「おーい、待て待て、おむすびー」

3

ひゃー！

（おむすびを穴の下から引き出す。）

保育者 「おむすびはコロコロ転がって、穴へ落ちてしまいました。すると穴の中から、『おむすびころりん、すっとんとん！』と、おかしなうたが聞こえてきます。なんだろう、と不思議に思ったおじいさんが、穴をのぞきこんだそのとたん！」

（おじいさんを穴の切り込みへ差し入れ、下から引き出す。）

おじいさん 「ひゃー、吸い込まれるー！」

4

（穴を上に移動させ、ネズミを貼る。）

ネズミ 「おじいさん、ようこそネズミの国へいらっしゃいました、チュウ」

（おじいさんの前にごちそうを貼る。）

ネズミ 「おむすびをいただいたお礼です、チュウ」

おじいさん 「おお、これはごちそうじゃ。いただきます。もぐもぐ。おお、とってもおいしいのう」

5

おじいさん　「ネズミさんたち、ごちそうをありがとう。おばあさんが心配するので、そろそろ帰ろうかのう」

（ごちそうをとり、宝箱を貼る。）

ネズミ　「では、おみやげを持って帰ってください、チュウ」

6

（おじいさんと宝箱を重ねて、穴の切り込みの下から差し、上から引き出す。）

おじいさん　「おみやげまで、どうもありがとう。それでは、さようなら」

7

（ネズミ、穴をとり、おばあさん、隣のおじいさん〈表〉を貼る。）

保育者　「おみやげは、なんと宝の箱でした。おじいさんは帰ると、おばあさんにネズミの国のことを話しました。それを、隣の欲張りなおじいさんが、こっそり聞いていました」

8

（隣のおじいさんだけ残して、おむすびと穴を貼る。）

隣のおじいさん　「よし、ネズミの嫌いなネコの鳴きまねを
　　　　して、ネズミを追い払い、宝をみんなも
　　　　らってこよう」

保育者　「隣のおじいさんは、次の日、山へいき、
　　　　おむすびをコロコロ、とわざと穴の中に
　　　　落としました」

（穴の切り込みに、おむすびと隣のおじいさんを差
し、下から引き出す。）

9

ニャアゴ！

（穴を上に移動させ、ネズミを貼る。）

ネズミ　「おむすびころりん、すっとんとん！　よう
　　　　こそ、ネズミの国へいらっしゃいました、
　　　　チュウ」

隣のおじいさん　「あいさつなどいらんわい。早く宝物をよこ
　　　　せ！　ニャアゴ！」

ネズミ　「わあ、ネコの声がする！　こわーい！
　　　　逃げよう、チュウチュウチュウ！」

（おむすびとネズミをとり、隣のおじいさんをうろうろさ
せる。）

隣のおじいさん　「しまった、急に真っ暗になって、宝物が
　　　　どこかわからないぞ。ゴッツン、いたたたた。
　　　　ドッシン、いたたたた。助けてくれえ！」

10

（隣のおじいさんを穴の切り込みの下から差し、上
から引き出して裏返す。）

保育者　「穴からやっとはい出した隣のおじいさ
　　　　ん。しかし……ありゃりゃ、たんこぶだ
　　　　らけ、傷だらけ。おまけに泥だらけ。
　　　　家に帰って、寝込んでしまいましたとさ。
　　　　おしまい！」

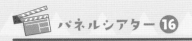
3びきのこぶた

動画見本

使う絵人形　→ 型紙 P.159

オオカミ〈表〉　　オオカミ〈裏〉

おしゃれでかわいいこぶたが登場します。レンガの家は
上下作り、組み合わせて演じてください。

コー〈表〉　　コー〈裏〉　　ブー〈表〉　　ブー〈裏〉　　ター〈表〉　　ター〈裏〉

わらの家　　　　　木の家　　　　　レンガの家〈上〉

レンガの家〈下〉

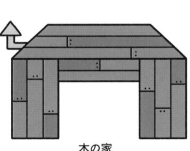

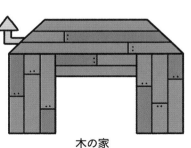

1

（コー〈表〉、ブー〈表〉、ター〈表〉を貼る。）

保育者　「さあ、みんながよく
知っている『3びきの
こぶた』のお話をしよ
うね。あるところに3
びきのこぶたがいて、
家を建てることになり
ました」

（ブー、ターをとり、わらの家を貼る。）

コー　「おいらは、いちばん上のお兄さんぶた
のコー。家なんてめんどうくさいから、
わらの家にしたよ。すぐできたから、ギ
ターをひいてあそぼうっと」

2

（コーとわらの家をとり、ブー〈表〉と木の家を貼る。）

ブー　「わたしは、2番目のお兄さんぶたの
　　　　ブー。早くラッパを吹いてあそびたいか
　　　　ら、かんたんな木の家にしたよ」

3

（木の家をとり、ター〈表〉とレンガの家〈下〉、コー
〈表〉を貼る。）

ター　「ぼくは、弟ぶたのター。丈夫な家にし
　　　　たいから、レンガで建てようっと」

保育者　「そこへコーとブーがやってきて言いまし
　　　　た」

コー **ブー**　「まだ、家ができないのかい。さっさと建
　　　　てて、一緒にあそぼうよ」

保育者　「でもね、ターは丈夫なレンガの家を建
　　　　てようと、がんばり続けたんだよ」

4

（わらの家に隠れたコー〈裏〉と、オオカミ〈表〉を貼る。）

保育者　「しばらくして、腹ペコオオカミがやって
　　　　きました」

オオカミ　「くんくん、うまそうなこぶたのにおいがす
　　　　るぞ。グヒヒ、こんな家、おれ様が吹き
　　　　飛ばしてやる」

（オオカミを裏返す。）

オオカミ　「プププのプーッだ！」

（わらの家を飛ばして、とる）

コー　「わあ、助けてー！　わらの家はだめだ。
　　　　ブーの家に逃げようっと！」

69

5

（オオカミを〈表〉に戻す。木の家を貼り、コー〈裏〉
とブー〈裏〉を隠す。）

コー　「オオカミがきたよー！　ブー、助け
てー！」

ブー　「よし、わたしの木の家なら安心だよ」

オオカミ　「ふん、安心なもんか。おれ様が吹き
飛ばしてやる」

6

（オオカミを裏返す。）

オオカミ　「ププププーッだ！」

（木の家を飛ばして、とる。）

コー ブー　「ひゃあ、助けてー！
木の家もだめだー。
ターの家に逃げよう！」

7

（レンガの家〈上〉〈下〉を貼り、コー〈裏〉、ブー〈裏〉、
ター〈裏〉を隠す。）

コー ブー　「ター、オオオカミがきたんだ。お願い！
レンガの家に隠れさせてよ」

ター　「ああ、いいよ。ぼくの家は、丈夫だか
らね」

オオカミ　「ふん、おれ様には勝てないさ。どれ吹
き飛ばしてやろう」

（オオカミを裏返す。）

オオカミ　「ププププーッだ！　あれ、びくともし
ないぞ」

（オオカミを〈表〉に戻し、家をける。）

オオカミ　「よし、けっ飛ばしてやれ。いたたたっ！」

8

逃げろー！

（オオカミを煙突の上に登らせる。）

オオカミ「それなら、煙突からもぐりこんでやれ」

保育者「それを聞いたターたちは、煙突の下で薪を燃やしました」

オオカミ「ぎゃあ、あつーい！　お尻が燃えちゃうよー！　逃げろー！」

（オオカミをとる。）

9

（家の前にコー〈表〉、ブー〈表〉、ター〈裏〉を貼る。）

コー　ブー「ター、助けてくれてありがとう。しっかり働いてからあそばないとね」

ター「うん、これからは、この家に一緒に住もうよ」

保育者「それから、3びきのこぶたは仲良く助け合って暮らしたって。よかったね。
おしまい」

アレンジ

3びきのこぶた なぞなぞ

コー「ぶたぶたはぶたでも、目の上にあるぶたはなーんだ？」

ブー「答えは、まぶたでした。じゃあ、ぶたはぶたでも、おなべの上にあるぶたはなーんだ？」

ター「答えは、なべぶたでした。じゃあ、ぶたはぶたでもけがの傷の上にできるぶたは、なーんだ？」

コー「答えは、かさぶたでした。おしまい！」

オオカミと こぶたの 早口言葉

オオカミ「早口言葉、言えるかな？」
「オオカミが　みかんに
　　　かみつき　かがみを　みた！」

ター「こぶた　ころぶと
　　　　たんこぶ　できた！」

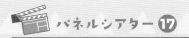
大きなかぶ

ラストに出てくる大きなかぶに、子どもたちも大よろこびです。
かけ声を合わせながら、楽しんでください。

使う絵人形

→ 型紙 P.165

おじいさん	かぶ
おばあさん	
まご	
イヌ	
ネコ	
ネズミ	畑

1

（おじいさんと、下にかぶを隠した畑を貼る。）

保育者 「みんな、かぶって知ってる？ そう、大根を小さく、丸くしたような野菜だね。だけど、これは小さくない、『大きなかぶ』のお話です。はじまりはじまり」

保育者 「ある日、おじいさんが、かぶの種を畑にまきました」

おじいさん 「かぶよ、かぶよ、早く芽を出せ、大きくなあれ」

2

うんとこどっこいしょ

（葉を少し引き出す。）

おじいさん「おお、芽が出たぞ。かぶよ、かぶよ、早く育って大きくなあれ」

（葉を全部引き出す。）

おじいさん「ほほう、願いがかなったぞ。みごと大きなかぶになったわい。どれ引き抜いてみよう。うんとこどっこいしょ」

保育者「かぶはおじいさん1人では抜けません」

おじいさん「おーい、おばあさん、手伝っておくれ」

おーい

3

（おばあさんを貼る。）

おじいさん「いいかい、力を合わせて抜こう」

おばあさん「わかりましたよ、おじいさん」

おじいさん**おばあさん**「うんとこどっこいしょ」

保育者「かぶはまだ抜けません。そこで、おばあさんはまごを呼びました」

おばあさん「ちょっと、手伝ってちょうだい」

4

（まごを貼る。）

おばあさん「いいわね、力を合わせて抜くのよ」

まご「はい、わかったわ、おばあさん」

おじいさん**おばあさん****まご**「うんとこどっこいしょ」

保育者「かぶはまだまだ抜けません。まごはイヌを呼びました」

まご「ちょっと、手伝ってよー」

5

（イヌを貼る。）

まご　「いい、力を合わせて抜いてね」

イヌ　「ワン、わかったよ」

おじいさん **おばあさん** **まご** **イヌ**
「うんとこどっこいしょ、ワン」

保育者　「かぶはまだまだまだ抜けません。イヌは
ネコを呼びました」

イヌ　「ワンワン。ちょっと、手伝ってー」

6

（ネコを貼る。）

イヌ　「いいかい、力を合わせて抜くんだワン」

ネコ　「ニャア、わかってるよ」

おじいさん **おばあさん** **まご** **イヌ** **ネコ**
「うんとこどっこいしょ、ワン、ニャア」

保育者　「かぶはまだまだまだまだ抜けません。
ネコはネズミを呼びました」

ネコ　「ニャア、手伝ってくれるー？」

7

（ネズミを貼る。）

ネコ　「いいかしら、力を合わせて抜くのニャア」

ネズミ　「チュウ、わかってますよ」

おじいさん **おばあさん** **まご** **イヌ** **ネコ** **ネズミ**
「うんとこどっこいしょ、ワン、ニャア、
チュウ」

保育者　「かぶはまだまだまだまだまだ抜けませ
ん。ネズミが言いました」

ネズミ　「みんなも一緒にかけ声を言ってよチュウ」

8

（子どもたちも一緒にかけ声を言うよう促し、少しずつかぶを引き出す。）

みんな「うんとこどっこいしょ、ワン、ニャア、チュウ！ うんとこどっこいしょ、ワン、ニャア、チュウ！」

※「○○○○○○」…複数人の台詞

9

ズポーーンッ！

（かぶを全部引き出す。）

保育者「ズズズズ、ズポーーンッ！ 抜けました、抜けました。みんなのおかげね。ありがとう」

アレンジ

**みんなで
ダジャレあそび**

登場人物などを使って
ダジャレを作る

- かぶが水をかぶった
- かぶは水に浮かぶ

- まごまごするまご
- まごはゆでたまごが好き

イヌといえば
ワン
- いぬはわんたんが好き
- いぬは茶わんを持てない

- ねこがねころぶ
- こねこねするこねこ

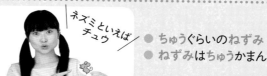
ネズミといえば
チュウ
- ちゅうぐらいのねずみ
- ねずみはちゅうかまんが好き

かさじぞう

おじいさん

おばあさん

🔗 使う絵人形

➡ 型紙 P.168

心温まるお話を、子どもたちと楽しんでください。よーく見ると、お地蔵さんの表情が1つひとつ違いますよ。

あみ笠×5

おじぞう様1　おじぞう様2

おじぞう様3

おじぞう様4　おじぞう様5

餅

魚

野菜

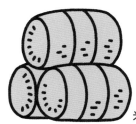
米俵

1

保育者 「みんな、おじぞう様は知っているかな？お散歩しながら見たことがあるね。今日のお話は不思議なおじぞう様のお話だよ。それでは『かさじぞう』のはじまりはじまり」

（おじいさんとおばあさんを貼る。）

保育者 「昔、あるところにおじいさんとおばあさんが暮らしていました。けれど、もうすぐお正月だというのに、お餅を買うお金がありません」

2

（あみ笠を貼る。）

おじいさん「外は雪じゃ、家の中でできる仕事は、
あみ笠を作るくらいしかないなあ」

おばあさん「そうですね、おじいさん。でもなかなか
りっぱなあみ笠ができましたよ」

おじいさん「よし、これを町まで売りにいってこよう。
帰りに餅を買ってくるからな」

おばあさん「雪が降っているから、
気をつけてくださいよ」

（あみ笠を重ね、おばあさんをとる。）

3

（おじぞう様を貼る。）

保育者「おじいさんは、おじぞう様の前を通りか
かりました」

おじいさん「おじぞう様、長生きをさせてくれてあり
がとうございます。おや、寒そうですね」

4

（おじぞう様の頭上に、あみ笠を貼る。）

おじいさん「どうぞ、このあみ笠をお使いください。
町まで売りにいこうと思いましたが、おじ
ぞう様が雪に埋もれては、もうしわけな
いですから」

5

（おばあさんを貼る。）
おじいさん「ただいま」
おばあさん「おかえりなさい。 町までいったのに帰り
　　　　　　がお早いですね。 あみ笠は全部売れた
　　　　　　のですね」
おじいさん「いいや。 実は、 あみ笠はおじぞう様が
　　　　　　雪に埋もれそうだから、 差し上げてきた
　　　　　　んじゃ」
おばあさん「まあ、 それはよいことをしましたね」

6

（おじいさんとおばあさんを横にする。）
おじいさん「餅が買えなくてすまなかったな」
おばあさん「いいんですよ。 おじぞう様はきっとよろ
　　　　　　こんでいますよ」
おじいさん「しかたがない。 水を飲んで寝るとするか」
おばあさん「はい、 おやすみなさい」
保育者「2人がおなかを空かせたまま寝ようとす
　　　　ると、 遠くから不思議な声が近づいてき
　　　　ました」
おじぞう様「ほいこらせっせと、 はこべやはこべ。 笠
　　　　　　のお礼だ、 はこべやはこべ」

7

（おじいさんとおばあさんを起き上がらせる。）
おじいさん「おばあさんや、 おかしな声が聞こえる
　　　　　　じゃろう」
おばあさん「はい、 だんだんこっちへやってきますね」
おじぞう様「ほいこらせっせと、 はこべやはこべ。
　　　　　　笠のお礼だ、 はこべやはこべ。
　　　　　　ドサッ」

8

（米俵、魚、餅、野菜を貼る。）

保育者「家の前で大きな音がしたので、戸をあけてみると、お餅やお米、魚や野菜がどっさり置いてありました。そして不思議な声は遠ざかっていきました。」

おじぞう様「笠のお礼だ、ほいこらせ」

おばあさん「これはあみ笠のお礼におじぞう様がくださったのね」

おじいさん「そのようじゃな」

9

（米俵、魚、餅、野菜をとる。）

おじいさん「おじぞう様、ありがとうございます。おかげさまで、よいお正月を迎えられます」

おばあさん「ごちそうさまでした」

保育者「こうして、おじいさんとおばあさんは、その後もずっと仲良く元気に長生きをしましたとさ。おしまい」

アレンジ おじぞう様、顔あてあそび

保育者がおじぞう様の顔の特徴のヒントを出し、子どもがあてる。

片目だけ、目を閉じているおじぞう様はどれだ？

口が丸くなっているおじぞう様はどれだ？

3びきのヤギと トロル

動画見本

使う絵人形 → 型紙 P.170

みんなが大好きなお話です。どこか憎めないトロルは子どもたちの人気者になるかも!?

小ヤギ

中ヤギ

大ヤギ

トロル

橋

1

保育者 「みんな、トロルって知ってる？ 今からお話をする『3びきのヤギとトロル』に出てくるから楽しみにしていてね」

（中央に橋を貼り、左側に3びきのヤギを貼る。）

保育者 「あるところに3びきのヤギが住んでいました。ある日、ヤギたちは、橋を渡ったところに、おいしそうな草が生えているのを見つけました」

2

（小ヤギを橋の途中まで渡らせる。）

小ヤギ「この谷にかかる橋を渡れば、草の生えているところにいけるね。でも3びきいっ一緒に渡ると、橋が壊れそうだから、まずはいちばん小さいぼくが渡ってみるね」

3

ガオーッ！

（トロルを橋の下に貼る。）

保育者「いちばん小さい小ヤギが橋の真ん中までくると……そう、出てきたのはトロル。頭に角が生えた、こわーい怪物です」

トロル「ガオーッ、誰だ！ おれ様の頭の上を勝手に通るやつは。食ってやるー」

4

（小さいヤギを震わせる。）

小ヤギ「待ってください。ぼくなんか食べても小さくておいしくありません。後からもっと大きくておいしいヤギがきます」

トロル「それならお前を食べるのはやめておくか」

保育者「こうして小ヤギは、橋を渡ることができました」

（小ヤギを渡らせる。）

81

5

（中ヤギを橋の途中まで渡らせる。）

トロル　「ガオーッ！　お前が大きくておいしいヤギか。食ってやるー！」

（中ヤギを震わせる。）

中ヤギ　「と、とんでもない。おいらより、もっとおいしい大きいヤギが後からきますよ」

トロル　「そうか、それならお前を食うのをやめておくかなあ」

中ヤギ　「それがいいに決まってます」

（中ヤギを渡らせる。）

6

（大ヤギとトロルを、橋の途中に貼る。）

トロル　「ガオーッ！　やい、お前が大きくてうまいヤギだな。食ってやるからおとなしくしろ」

（大ヤギの体をそらす。）

大ヤギ　「おれ様を食ったらうまいだと。そんなことさせるものか」

トロル　「なんだと、生意気だな」

7

（トロルが大ヤギにとびかかり、大ヤギは体をそらす。）

トロル　「よし、食ってやるぞ、ガオーッ！」

大ヤギ　「食われるものか、メヒーンッ！」

8

（大ヤギの角でトロルを遠くへ投げ飛ばし、そのまま
トロルをとる。）

トロル 「グワーッ！ やられたあ！」

グワーッ！

9

（大ヤギを渡らせる。）

小ヤギ 「トロルを追い払えてよかったね」

中ヤギ 「トロルもいなくなったし、安心して草が
食べられそうだ」

大ヤギ 「さあ、食べよう」

保育者 「こうして、3びきのヤギは、おいしい草を
おなかいっぱい食べました。よかったね！」

ア レ ン ジ **トロルなぞなぞ** 答えを間違ったらトロルが食べちゃうぞ
と言ってなぞなぞを出す。

な～んだ？

Q1

ヤギが食べるのは
紙だけど、
空から落ちてくる
かみはなーんだ？

答え：かみなり

Q2

かみを切ったり
巻いたりして、
お金をとるお店は
なーんだ？

答え：美容院

Q3

かみはかみでも、
お父さんが朝
顔にあてるかみは
なーんだ？

答え：かみそり

ブッブー！
食べちゃうぞ～！

朝のあつまり

日付や天気、お当番を確認できる作品です。絵人形を
自由に使って、毎日の朝のあつまりに活用してください。

使う絵人形　→ 型紙 P.174

0　1　2　3　4　5　6　7

8　9　10　11　12　月　日

※数字は必要に
応じて作成
してください。

(例)5月5日
→⑤を2枚作成。

テーブルふき　コップくばり　きゅうしょくがかり　みずやり　そうじ　えさやり

1

（数字と月・日を貼る。）

保育者 「みんなおはよう。これから朝のあつまり
を始めます。今日もたくさんあそぼうね。
さて、今日は何月何日かな？」

（子どもに聞きながら、日付の数字を貼る。）
保育者 「はい、そうだね。今日は6月5日だね」

2

（はれ、くもり、あめ、ゆきを貼る。）
保育者　「それじゃあ、今日のお天気はどうかな？」

（子どもに聞きながら、その日の天気を貼る。）
保育者　「晴れ時々曇りだから、並べて貼るね」

3

保育者　「それでは次に、係のお仕事について、話をしていくね。みんなの今日の係は何だろう？」

（テーブルふきを貼る。）
保育者　「これは何のお仕事をするか、わかるかな。そう、テーブルふき。お昼ごはんやおやつの前、テーブルをふいてきれいにする係だね。テーブルふき係さん、手を挙げてください。よろしくお願いします」

4

（コップくばりを貼る。）
保育者　「では、この係は何かな？　そう、コップを配る係だね。みんなのところにコップを届けてあげてね。よろしくお願いします」

5

（きゅうしょくがかりを貼る。）

保育者 「この係は何かわかるかな？　お玉を使って……そう、おかずをお皿に分ける、給食係だね。お友だち一人ひとりに、どれくらい食べられるか聞いて、おかずを入れていってね」

6

（みずやりを貼る。）

保育者 「それでは、これは何の係かな。お花があって、じょうろがあって……そう、園庭のお花や野菜にお水をまくお仕事、水やり係だね。お水をもらえると、お花や野菜も元気になって、どんどん大きくなっていくよ」

7

サッサッサッ

（そうじを貼る。）

保育者 「これは、玄関をほうきではく、掃除係だね。きれいな玄関だと、みんな気持ちいいよね」

8

（えさやりを貼る。）

保育者 「最後にこの係は何かな？　そう、金魚にえさをやる係だね。たくさんあげすぎないよう、決まった量をあげようね」

9

（係の絵人形カードをひとつひとつ指さす。）

保育者 「いろいろな係のお仕事があったね。今日の自分の係はわかったかな。楽しく自分の係のお仕事をして、みんなで気持ちよく1日を過ごそうね。それでは6月5日、今日の朝のあつまりはおわります」

アレンジ　あてっこあそび　その月の行事や歌などのヒントを出し、何月かをあててもらう。

これからヒントを出す月は何月でしょう？

ヒント1 ひなまつりがあります

ヒント2 卒園式があります

ヒント3 ○○ちゃんのお誕生日の月です

答えは… 3月でした！

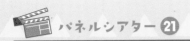

パネルシアター ㉑

自己紹介 あてっこクイズ

動画見本

クイズ形式で楽しく自己紹介ができます。絵人形を自由に使って、オリジナルの自己紹介を考えてもいいですね！

使う絵人形

→ 型紙 P.176

?マーク×3　　財布とお金

時計と宝石　　笑顔

※名札カードに自分の名前を書きます。

名札カード

ケーキ

※自分の誕生日に合わせて日付を作成してください。
（➡型紙P.174）

※P.22「どんないろがすき」のクレヨン絵人形を使います。
（➡型紙P.122）

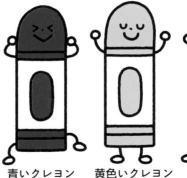

赤いクレヨン　青いクレヨン　黄色いクレヨン　緑のクレヨン

1

保育者 「はじめまして。今からみんなに私のことを知ってもらうために、自己紹介をするね」

（あらかじめ自分の名前を書いておいた名札カードを貼る。）

保育者 「私の名前は、『あさの　いずみ』です。こんこんと湧き出る泉のように、ずっと幸せが続きますように、とお父さんとお母さんがつけてくれました」

2

（自分の誕生日の日付のカード（P.84「朝のあつまり」より）を貼る。）

保育者 「誕生日は7月10日です。朝早くに生まれました」

3

（名札カードを右上にずらす。）

保育者 「それではあてっこクイズ1問目。私が誕生日に楽しみにしているものは、何かわかるかな？」

（ろうそくを吹き消すまねをし、子どもに答えを聞いてから、ケーキを貼る。）

保育者 「そう、ケーキ。丸くて大きなケーキを、誕生日には食べたいなあ」

4

（クレヨン絵人形（P.22「どんないろがすき」より）を貼る。）

保育者 「それではあてっこクイズ2問目。私が好きな色はどれでしょう？」

（クレヨンを1本、1本、指さして、子どもに手を挙げてもらう。）

保育者 「赤色だと思う人？　黄色だと思う人？　青色だと思う人？　緑色だと思う人？」

5

（好きな色のクレヨンを持つ。）

保育者 「正解は……きれいな青空が描ける青
色でした！　みんなとクレヨンでたくさん
お絵描きしたいな」

6

（クレヨンをとり マークを3枚貼る。）

保育者 「それでは最後のあてっこクイズ、3問
目。私がいちばん大切に思っているも
のはなあんだ？」

7

（2枚めくって、財布とお金、時計と宝石を見せる。）

保育者 「お財布かな？　たしかにお財布を忘れ
たら、買い物もできないから大切だね。
金の時計や宝石も素敵だね。でも、もっ
と大切にしているものがあるんだよ」

8

（自分の笑った顔を指さす。）

保育者 「ヒントはこれ」

9

（カードを裏返し、笑顔を見せる。）

保育者 「大切なのは、え、が、お！ でした。わかったお友だちはいたかな？ これからみんなとにこにこ笑顔で楽しく過ごしたいと思っています。どうぞよろしくね。これで、自己紹介はおしまいです！」

アレンジ お誕生日会 お誕生日のお友だちがいる日は、ケーキや日付の絵人形を使い、お祝いを盛り上げます。

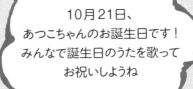

10月21日、あつこちゃんのお誕生日です！みんなで誕生日のうたを歌ってお祝いしようね

おめでとう！

動画見本

歯みがき

歯みがきの大切さを、子どもたちに楽しく伝えられる作品です。みんなで歯みがきをして、虫歯菌を追い出します！

使う絵人形 　➡ 型紙 P.178

虫歯菌〈表〉 　虫歯菌〈裏〉

男の子〈表〉 　男の子〈裏〉 　歯みがきさん〈表〉 　歯みがきさん〈裏〉 　歯ブラシ〈黄〉 　歯ブラシ〈緑〉

女の子〈表〉 　女の子〈裏〉 　キャンディー 　チョコレート 　ソフトクリーム

1

保育者 「みんな、毎日ちゃんと歯みがき、しているかな？
悪い虫歯菌には気をつけないとね」

（虫歯菌〈表〉を持つ。）

虫歯菌 「イヒヒヒ、おいらのことかな？　これから、うんと悪いことをするから見ていてくれよ」

2

（虫歯菌〈表〉を隅に貼り、男の子〈表〉と女の子〈表〉を中央に貼る。）

男の子 **女の子** 「おやつの時間だ、わーい！」

3

（キャンディー、チョコレート、ソフトクリーム（以下、お菓子）を貼る。）

男の子 **女の子**

「ペロペロ、ムシャムシャ、トロトロ。
ああ、おやつはおいしいな」

4

（お菓子を隅に貼り、虫歯菌を中央に移動させる。）

虫歯菌 「イヒヒヒ、それそれ、歯みがきが嫌になる
呪いをかけてやるぞ。メンドウ、メンドウ、
ハミガキナンテ、ヤメヨウ、ヤメヨウ、
メンドウクサイ！　イヒヒヒ……これでよし」

5

（男の子と女の子を裏返す。）

男の子「ファ〜、おやつを食べたら、お昼寝したくなっちゃった」

女の子「歯みがきは面倒くさいからしなくていいよね」

6

お菓子「大変、大変、虫歯になったら、おやつのせいにされちゃうよ。歯みがきさんに助けてもらおう。歯みがきさーん！」

（歯みがきさん〈表〉をお菓子の近くに貼る。）

歯みがきさん「どうしたんだい」

お菓子「虫歯菌が、子どもたちに歯みがきが嫌になる呪いをかけちゃったんだ」

7

歯みがきさん「まかせて！　ぼくのキャップを外してくれないかい」

お菓子「わかったよ」

（歯みがきさんを裏返す。）

8

（男の子と女の子を〈表〉に、虫歯菌は裏返し、歯みがきさんを中央に移動させ、歯ブラシを貼る。）

男の子 **女の子**
「そうだ、歯みがきしなくちゃ、シュッシュッシュッ。虫歯菌を追い出せ、シュッシュッシュッ！」

9

（虫歯菌を動かす。）

虫歯菌 「わあ、逃げろー！」
保育者 「歯みがきをすれば、虫歯菌も逃げて、虫歯にならないね。みんなも毎日しっかり歯みがきをしようね」

アレンジ **歯みがきの練習** パネルシアターを使って、子どもたちに歯のみがき方を伝えられます。みんなで練習してください。

まずはキャップをとって、歯みがき粉をつけるよ

シュッシュッシュッ！

男の子のように、下の歯をみがいてください

95

カレーライス
づくり

動画見本

みんな大好きなカレーをパネルシアターで作りましょう。
鍋の裏にポケット(P.5参照)をつけると演じやすいです。

使う絵人形　→型紙 P.180

ニンジン〈表〉　ニンジン〈裏〉　肉

タマネギ〈表〉　タマネギ〈裏〉　カレールー

ジャガイモ〈表〉　ジャガイモ〈裏〉

包丁　カップ

まな板　水　スプーン

ごはん〈表〉　ごはん〈裏／カレー〉　鍋　- - - - 切り込み　お玉

1

（まな板を貼り、包丁を持つ。）

保育者 「今日はみんなが大好きな食べ物を作っていくよ。何を作るかって？　ヒントは、ちょっぴり辛くて、黄色で、いいにおいの食べ物。わかるかな？　一緒に作りながら、考えてみてね」

2

（まな板にニンジン〈表〉を貼り、包丁で切るしぐさをする。）

保育者 「まずニンジンを切りましょう。トントントン」

3

（ニンジンを裏返す。）

保育者 「はい、切れました」

4

（タマネギ〈表〉を貼り、同じように包丁で切るしぐさをする。）

保育者 「次はタマネギもトントントン、切りましょう。
ああ、ちょっと目がしみてきた」

（タマネギを裏返す。）

保育者 「はい、がんばって切りました」

5

（ジャガイモ〈表〉を貼り、同じように包丁で切るしぐさをする。）

保育者 「ジャガイモもトントントン」

（ジャガイモを裏返す。）

保育者 「はい、食べやすい大きさに切れました」

6

（まな板をとって鍋を貼り、鍋の切り込みに肉を差し入れ、お玉で炒めるしぐさをする。）

保育者 「さあ次は、お鍋でお肉を炒めましょう。ジュージュージュー」

7

（タマネギ、ジャガイモ、ニンジンの順に切り込みに差し入れ、炒めるしぐさをする。）

保育者 「次にタマネギを入れて、ジャガイモを入れて、ニンジン入れて、ジャッジャッジャッと炒めます」

8

（カップの水を入れるしぐさをする。）

保育者 「お肉と野菜を炒めたら、お水を入れて
煮込みましょう」

9

（カレールーを切り込みに差し入れ、かき混ぜるしぐ
さをする。）

保育者 「グツグツ煮えたら、ルーを入れてぐるぐ
るかき混ぜて、しばらくグツグツ。ほら
ほら、いいにおいがしてきた。そう！ カ
レーライスを作っていたんだね」

10

（ごはん〈表〉、水、スプーンを貼り、鍋をのぞき込む。）

保育者 「そろそろよさそうだね。じゃあ、ほかほ
かごはんに、カレーをかけましょう」

（お玉でかけるしぐさをして、ごはんを裏返す。）

保育者 「とびきりおいしいカレーライスのできあ
がり！ それでは、いただきます！」

いただきます！

衣替え

「衣替えってなあに？」そんな子どもの疑問に答えることのできる作品です。アレンジの着せ替えあそびもとっても楽しい！

使う絵人形

→ 型紙 P.183

男の子　　女の子

男の子・冬	男の子・夏	女の子・冬	女の子・夏
耳あて	帽子	帽子	帽子
長袖	半袖	長袖	半袖
長ズボン	半ズボン	スカート＋レギンス	スカート

カタツムリ　アジサイ

ツバメ　もみじ

キノコ　カキ

1

（男の子と女の子それぞれに冬服を重ね、貼る。）

保育者 「みんな、衣替えって知っている？　季節に合わせて着るものをかえることだよ。今日は衣替えのお話をするね。今、この男の子と女の子が着ているのは……？　そう、冬の服だね」

2

（カタツムリ、アジサイ、ツバメを貼る。）

（保育者）「アジサイの花が咲いたり、カタツムリやツバメを見かけたりしたら、そろそろ夏の服に衣替えをするときがやってきたということだよ」

3

（帽子を夏用に貼りかえる。）

（保育者）「まずは帽子をかえていくね。夏になると、お日様の光が強くなっていくので、光が顔にあたらないよう帽子をかぶりましょう」

4

（男の子の服を夏服に貼りかえる。）

（保育者）「ズボンを短いものにすると涼しくなるね。上着も半袖にしよう。ほらこれで、暑い夏も気持ちよく過ごせそう」

5

（女の子の服を夏服に貼りかえる。）

保育者 「スカートと半袖のブラウスが、麦わら帽子によく似合っているね」

6

（カタツムリ、アジサイ、ツバメをとり、もみじ、キノコ、カキを貼る。）

保育者 「夏が終わって、葉っぱが赤や黄色になって、キノコやカキを食べるころになったら、今度は秋・冬の服に衣替えだよ」

7

（男の子、女の子の服を、冬服に貼りかえる。）

保育者 「上着もズボンも、長めで暖かいものにしましょう。これで準備ができたかな？」

8

（帽子を指さす）

保育者「あっ！　帽子をかえるのを、忘れていたね」

9

（冬の帽子と耳あてを貼る。）

保育者「これで寒い冬もばっちりだね！　季節に合わせた洋服で、毎日気持ちよく過ごそうね」

アレンジ 着せ替えあそび　子どもたちに好きな服や帽子をえらんでもらい、自由に貼ってあそぶ。

いろいろな組み合わせを楽しんでね！

どの服を着ようかな？

てあらい うがい

 使う絵人形　→ 型紙 P.186

大切な習慣の「てあらい うがい」を、かわいいパネルシアターで改めてわかりやすく伝えましょう。

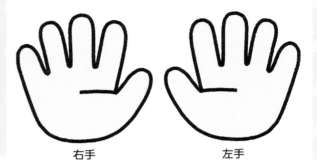

右手　　　左手

男の子〈表〉

男の子〈裏〉

泡

水　　　コップ

石鹸ボトル

1

（手を貼る。）

保育者「最近風邪がはやっています。 今日は、風邪をひかないために大切なことを伝えるよ」

（手を指さす。）

保育者「手についているのに見えないものって、なあんだ？」

（子どもの答えを聞く。）

保育者「そう、ばい菌ね。 病気のもとだから、外から帰ったら、手を洗おうね。 そのとき使うもので、泡が立って、手をきれいにしてくれるものって、なあんだ？」

2

（子どもの答えを聞いて、石鹸ボトルを貼る。）
（保育者）「そう、石鹸だね」

3

（石鹸ボトルを押して泡を出すしぐさをして、泡を貼る。）
（保育者）「しっかり泡を立てて、手をきれいに洗おうね」

4

（手に泡を貼って、洗うしぐさをする。）
（保育者）「手と手を合わせてゴシゴシゴシ、表も裏も指の間もゴシゴシゴシ。手首のほうまでゴシゴシゴシ」

5

（水で泡を洗い流すしぐさをして、水を重ねて泡を
とる。）

保育者 「よく洗ったら、水で泡を流して、ジャーッ。
タオルでふいてきれいになりました！」

6

（子どもに質問をする。）

保育者 「次にすることは……貝は貝でもガラガラ
と音のする貝、なあんだ？」

（子どもの答えを聞く。）

保育者 「そう、うがいだね。じゃあ、うがいをは
じめていくよ」

（男の子〈表〉を貼り、コップを持ってうがいをするし
ぐさをする。）

保育者 「ガラガラガラ、ガラガラガラ」

7

（水を貼る。）

保育者 「ペッ！」

8

（男の子を裏返す。）

保育者 「はい、これで口の中もすっかりきれいに
なり、ばい菌はいなくなりました！」

9

（男の子の顔の近くに手を貼る。）

保育者 「みんなも、てあらいうがいをしっかりし
て、ばい菌をやっつけ、風邪をひかな
いように気をつけようね」

アレンジ いないいないばあ！なーんだ？　子どもたちに目をとじてもらい、手の下に石鹸ボトルや泡
などの絵人形を隠し、何が隠れているかをあててもらう。

例1

「いないいないばあ！　手の中に隠れて
いるのなーんだ？　泡だと思う人、水だ
と思う人、石鹸ボトルだと思う人」と聞
き、子どもに手を挙げてもらう。

「いないいないばあ！　泡でした！」
両手の絵人形をとり、正解を見せる。

例2

いないいないばあ！
隠れているのなーんだ？

いないいないばあ！
コップでした！

107

パネルシアター㉖

おたんじょうびマンが やってきた！

→ 型紙 P.188

動画見本

お誕生日会に、楽しいお友だちがきてくれましたよ！
言葉あそびも楽しめる、ユーモアたっぷりの作品です。

使う絵人形

おたんじょうびマン〈表〉　　　おたんじょうびマン〈裏〉

プレゼント1〈表〉　　プレゼント1〈裏・おりがみ〉

プレゼント2〈表〉　　プレゼント2〈裏・タンバリン〉

プレゼント5〈表〉　　プレゼント5〈裏・おめん〉

プレゼント3〈表〉　　プレゼント3〈裏・じょうろ〉

プレゼント4〈表〉　　プレゼント4〈裏・びっくり箱〉

プレゼント6〈表〉　　プレゼント6〈裏・でんしゃ〉

プレゼント7〈表〉　　プレゼント7〈裏・時計〉

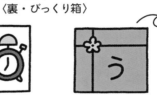

プレゼント8〈表〉　　プレゼント8〈裏・植木鉢〉

1

保育者 「今から、お誕生日会をはじめます。
最初は楽しいお誕生日のお話からね」

（おたんじょうびマン〈表〉を貼る。）

おたんじょうびマン 「オッホン、お誕生日おめでとう。私は、
オッホン、おたんじょうびマン！」

2

（プレゼントの箱をランダムに斜めに貼り、その上に
おたんじょうびマンを貼る。）

おたんじょうびマン「さあ、オッホン、プレゼントを持ってきたよ。
　　　　　　　あれ、おっとっと……」
（おたんじょうびマンをよろけさせる。）

3

（箱の文字を上から子どもに読んでもらう。）

おたんじょうびマン「と、び、う、お、じょう、たん、で、
　　　　　　　おめ？　順番が違うから、ぐらぐらする
　　　　　　　んだな、オッホン」

4

（箱を並べかえる。）

おたんじょうびマン「さあ、きれいに並べよう。
　　　　　　　お、たん、じょう、び……」

5

（箱を並べかえる。）

おたんじょうびマン 「おめ、で、と、う、オッホン、
『おたんじょうび おめでとう』
これでよし！」

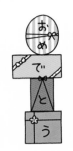

6

（いちばん上の『お』の箱を指す。）

おたんじょうびマン 「オッホン、『お』の箱には、はじめに
『お』がつくプレゼントが入っているよ。
さて、なんだろう？」

7

（子どもに答えを聞き、『お』の箱を裏返す。）

おたんじょうびマン 「オッホン、『お』には、おりがみのプレ
ゼントが入っていました」

8

（6、7同様に、プレゼントの中身を子どもに聞き、箱を裏返していく。）

おたんじょうびマン 「中身は、タンバリン、じょうろ、びっくり箱、だったね。オッホン、さて、『おめ』『で』『と』『う』の箱の中は、何が入っているのかな？」

9

（6、7同様に、プレゼントの中身を子どもに聞き、箱を裏返していく。）

おたんじょうびマン 「おめん、でんしゃ、時計、植木鉢。オッホン、これで『お、たん、じょう、び、おめ、で、と、う』のプレゼントがそろったね」

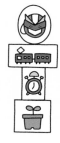

10

（おたんじょうびマンを裏返す。）

おたんじょうびマン 「はい、くるり！　お誕生日おめでとう！」

保育者 「おたんじょうびマンのおかげで、たくさんのプレゼントがもらえたね。おたんじょうびマン、ありがとう！」

演じ方のポイント

ポイント
1 利き手が動かしやすい方に立って演じましょう。

スムーズに絵人形の出し入れができるようにします。右利きの人はステージに向かって右側、左利きの人は左側に立って演じましょう。

ポイント
2 表情豊かに、大きな動作で演じましょう。

演じ手の表情や動きが、絵人形に投影されることで、子どもたちは作品の世界に引き込まれていきます。喜怒哀楽の感情を、表情や動きでわかりやすく子どもに伝えるように心がけてみてください。

ポイント
3 大きな声でゆっくりと、子どもとコミュニケーションをとりながら演じましょう。

子どもたちの反応を見ながら、やりとりを増やしたり、場合によっては割愛したりして話をすすめてもよいでしょう。

型紙

あかちゃん
あおむし

おにいさんあおむし

おねえさんあおむし

キャベツ

おとうさんあおむし

おかあさんあおむし

ちょうちょうの羽根×5

P.10〜P.13 これくらいのおべんとばこに

200% 拡大

- - - - - 切り込み

※おべんとうばこの上部の点線
　に切り込みを入れます。

おべんとうばこ

※おべんとうばことおにぎり以
外の絵人形は、裏打ち（P.5参
照）をしてお使いください。

きざみしょうが

にんじん

さくらんぼ

ごぼう

しいたけ

れんこん　※斜線部分は
切り抜きます。

ふき

おにぎり〈表〉

おにぎり〈裏〉

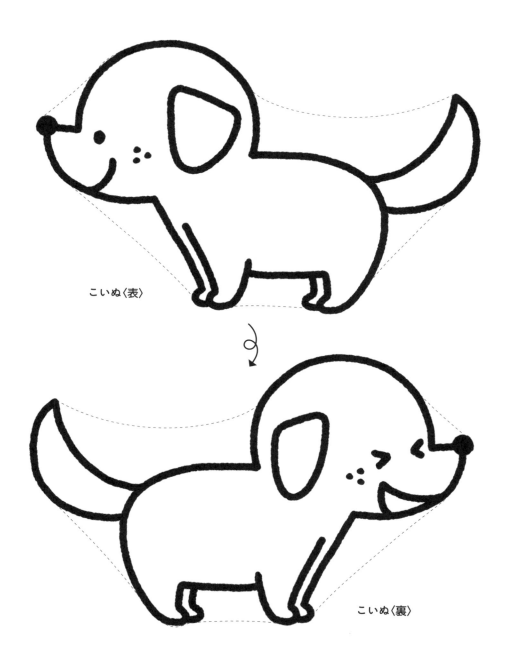

こいぬ〈表〉

こいぬ〈裏〉

すずめ〈表〉

すずめ〈裏〉

ひよこ〈表〉

ひよこ〈裏〉

犬小屋

ぽち

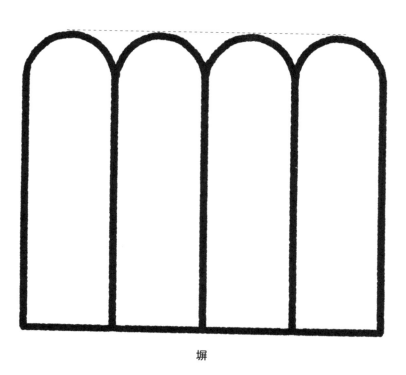

塀

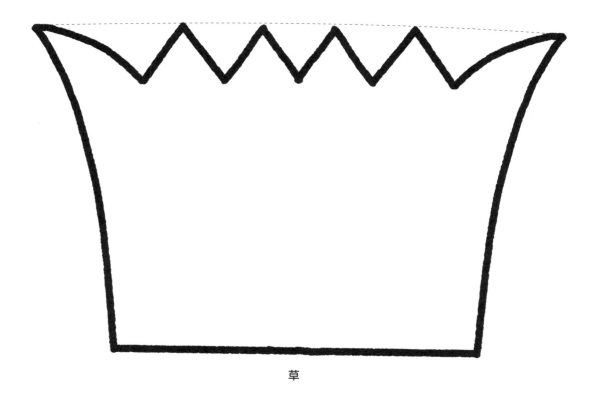

草

200%拡大

- - - - - 切り込み

※庭の口の上部の点線に切り
　込みを入れます。

大きな庭

大きなタネ　　中くらいのタネ

小さなタネ

※庭の裏にポケット（P.5参照）を作ると、
　タネや花が落ちません。

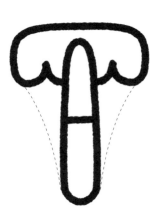

熊手

※庭の口の上部の点線に切り
　込みを入れます。

中くらいの庭

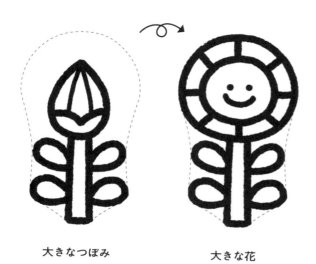

大きなつぼみ　　　　　　　大きな花

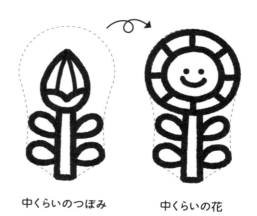

中くらいのつぼみ　　　　中くらいの花

小さな庭

※庭の口の上部の点線に切り
　込みを入れます。

小さなつぼみ　　　　小さな花

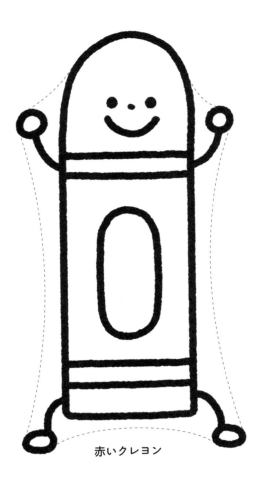

赤いクレヨン

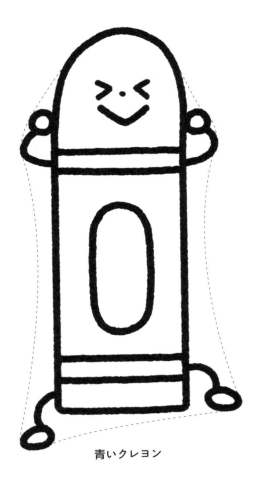

青いクレヨン

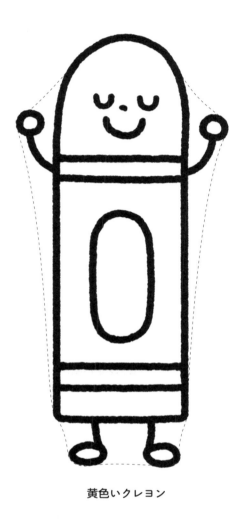

黄色いクレヨン

緑のクレヨン

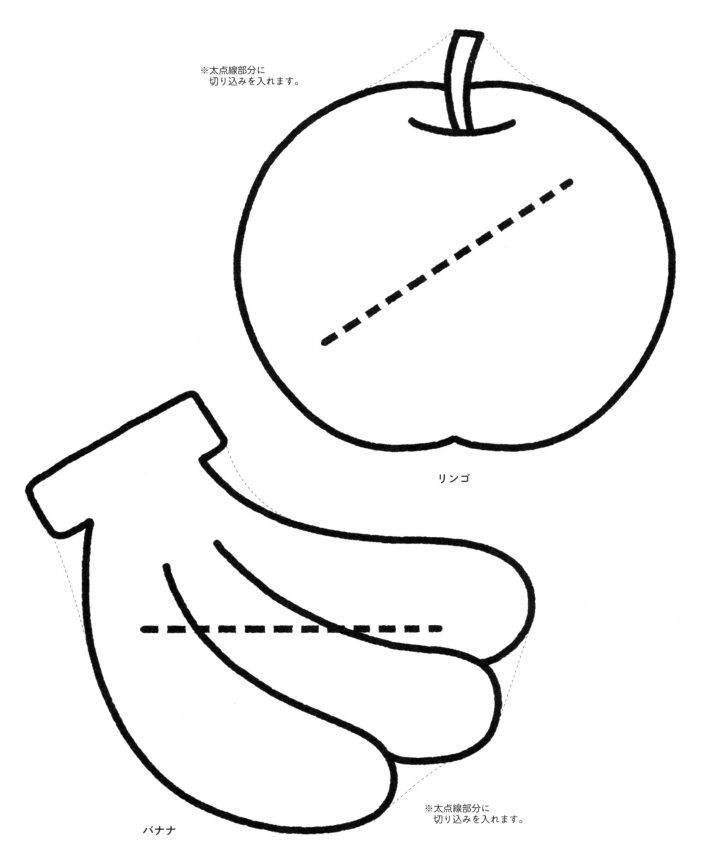

※太点線部分に
切り込みを入れます。

リンゴ

バナナ

※太点線部分に
切り込みを入れます。

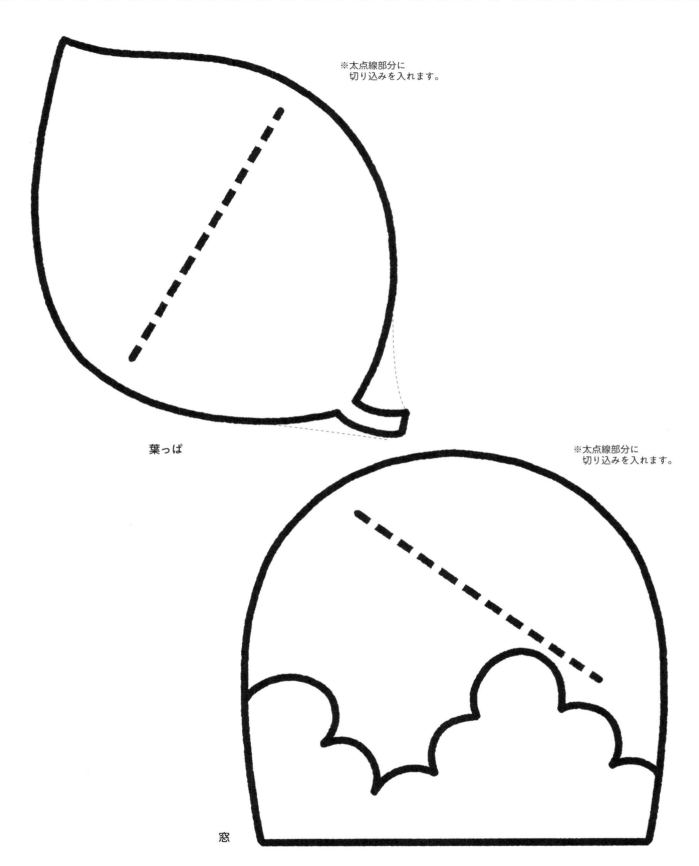

※太点線部分に
　切り込みを入れます。

葉っぱ

※太点線部分に
　切り込みを入れます。

窓

グー〈右〉

グー〈左〉

チョキ〈右〉

チョキ〈左〉

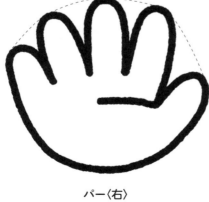

パー〈右〉

パー〈左〉

カニ

ちょうちょう

かたつむり

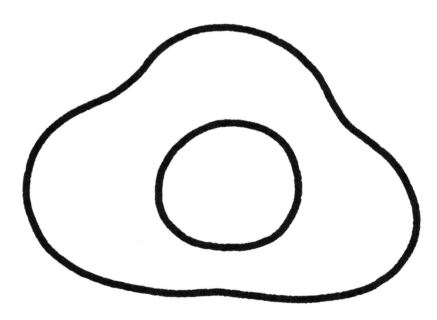

めだまやき

おすもうさん

ゴリラ

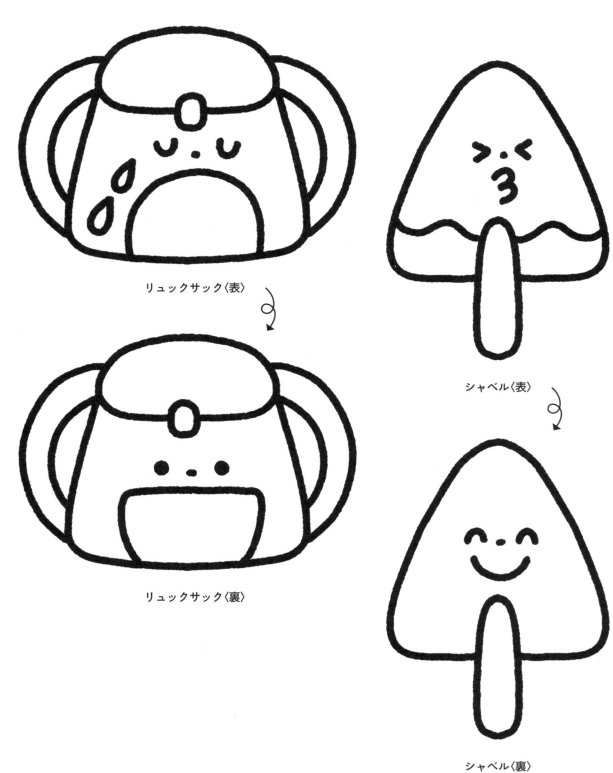

リュックサック〈表〉

リュックサック〈裏〉

シャベル〈表〉

シャベル〈裏〉

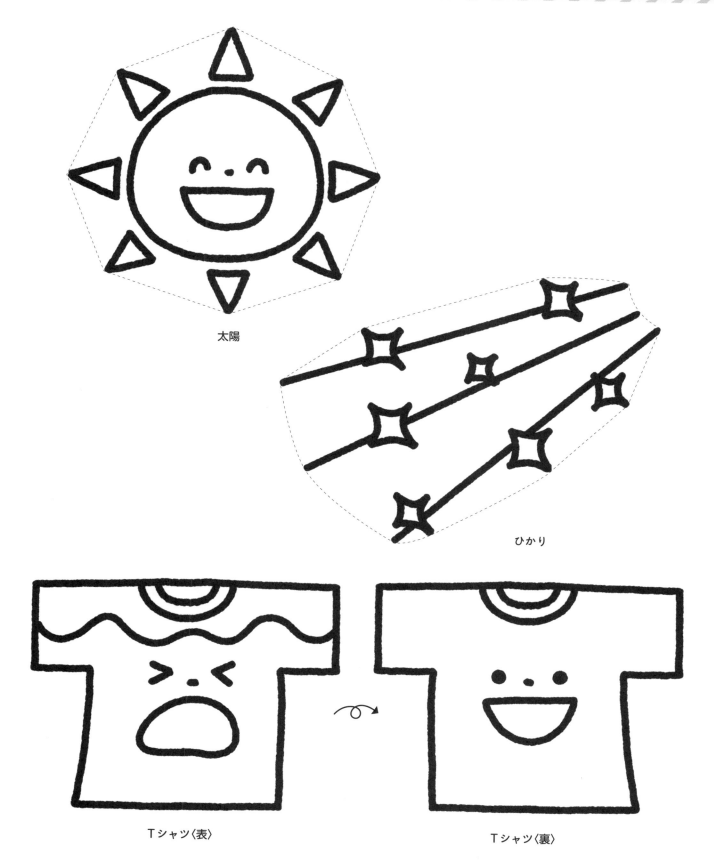

太陽

ひかり

Tシャツ〈表〉

Tシャツ〈裏〉

くも

雨

にじ

200%
拡大

※「はたらくくるま」の型紙は左右どちらの向きとも用意しています。
好きな向きで絵人形を作り、裏打ち（P.5参照）してお使いください。

郵便車〈左〉

郵便車〈右〉

清掃車〈左〉

清掃車〈右〉

救急車〈左〉

救急車〈右〉

はしご消防車〈左〉

はしご消防車〈右〉

カーキャリア〈左〉

カーキャリア〈右〉

パネルバン〈左〉

パネルバン〈右〉

レッカー車〈左〉

レッカー車〈右〉

タンクローリー〈左〉

タンクローリー〈右〉

フォークリフト〈左〉

フォークリフト〈右〉

ブルドーザー〈左〉

ブルドーザー〈右〉

道路①

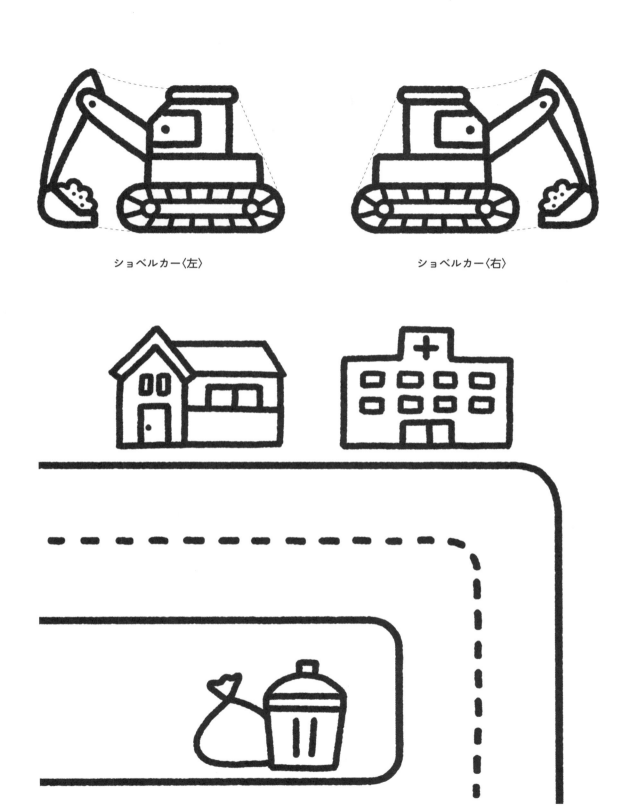

ショベルカー〈左〉　　　　　　　　ショベルカー〈右〉

道路②

ダンプカー〈左〉

ダンプカー〈右〉

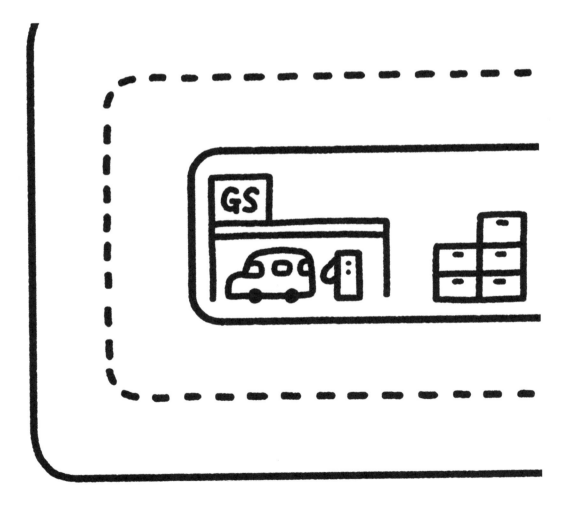

道路③

道路の完成図

こわれた車

道路④

笑い顔

泣き顔

マスクの顔

汗の顔

痛そうな顔

怒った顔

水

太陽

ランドセル

桜の木

保育園

ゆきだるま

P.44〜P.47 **ブレーメンの音楽隊**

ロバ〈表〉

ロバ〈裏〉

イヌ〈表〉

イヌ〈裏〉

ネコ〈表〉

ネコ〈裏〉

ニワトリ〈表〉

ニワトリ〈裏〉

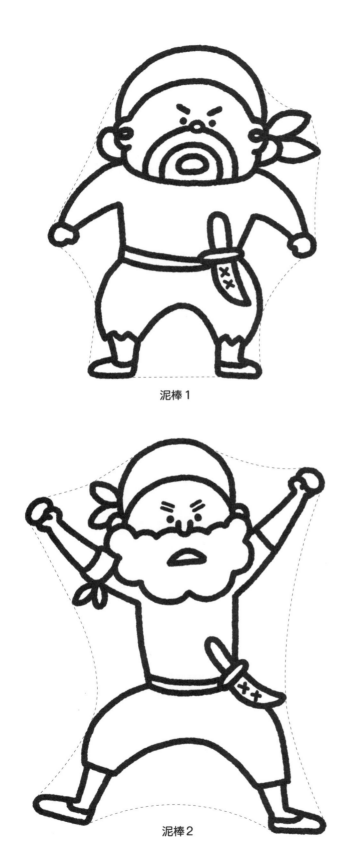

泥棒1

泥棒2

窓

P.48〜P.51 **オオカミと7ひきの子ヤギ** 200%拡大

子ヤギ1

子ヤギ2

子ヤギ3

子ヤギ4

子ヤギ5

子ヤギ6

子ヤギ7〈表〉

子ヤギ7〈裏〉

お母さんヤギ

オオカミ〈表〉

オオカミ〈裏〉

ドア　　　※斜線部分は
　　　　　　切り抜きます。

時計　　　※斜線部分は
　　　　　　切り抜きます。

おじいさん

おばあさん

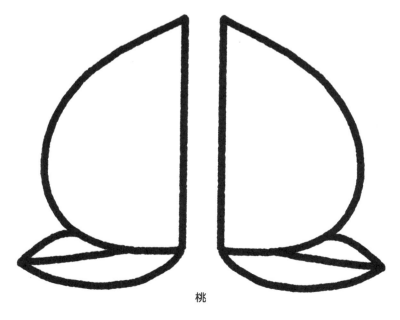

桃

ももたろう〈青年〉

鬼

サル

宝物

包丁

ももたろう〈赤ちゃん〉

イヌ

キジ

小人

若者〈表〉　　　　　　　　若者〈裏〉

宿屋の娘さん

肉屋のおじさん

粉屋のおばさん

お姫様〈表〉

お姫様〈裏〉

王様

反物

おり姫

機織り機

ひこ星

※カササギは裏打ち（P.5参照）をして
お使いください。

カササギ×5

王様

ウシ

雨

星×2

天の川

おむすびころりん

おじいさん

おばあさん

おむすび

隣のおじいさん〈表〉　　　　　　　　隣のおじいさん〈裏〉

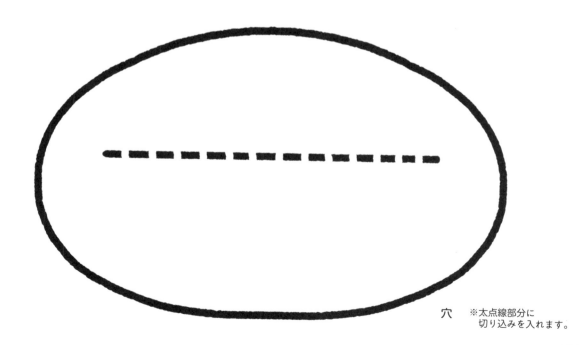

穴　※太点線部分に
　　切り込みを入れます。

宝箱

ごちそう

ネズミ2

ネズミ1

ネズミ3

200%
拡大

コー〈表〉

コー〈裏〉

ブー〈表〉

ブー〈裏〉

オオカミ〈表〉

オオカミ〈裏〉

ター〈表〉

ター〈裏〉

わらの家

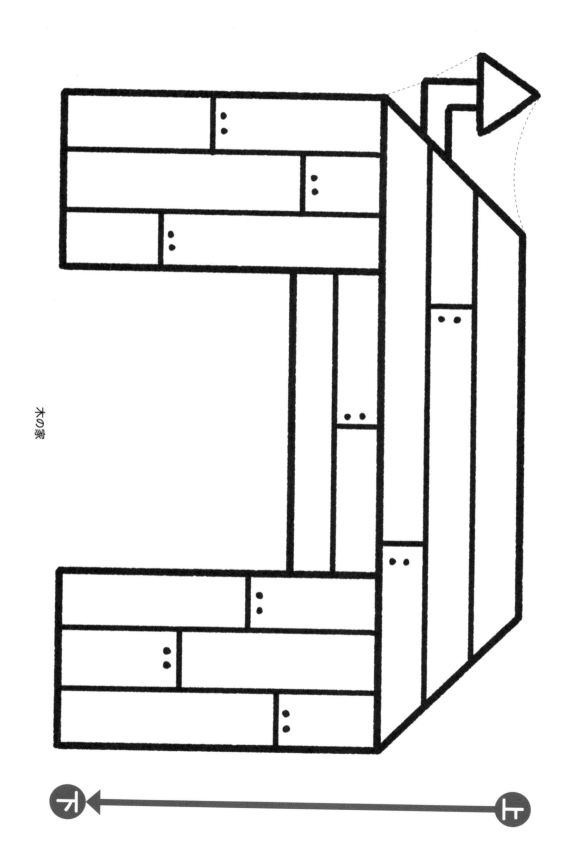

木の家

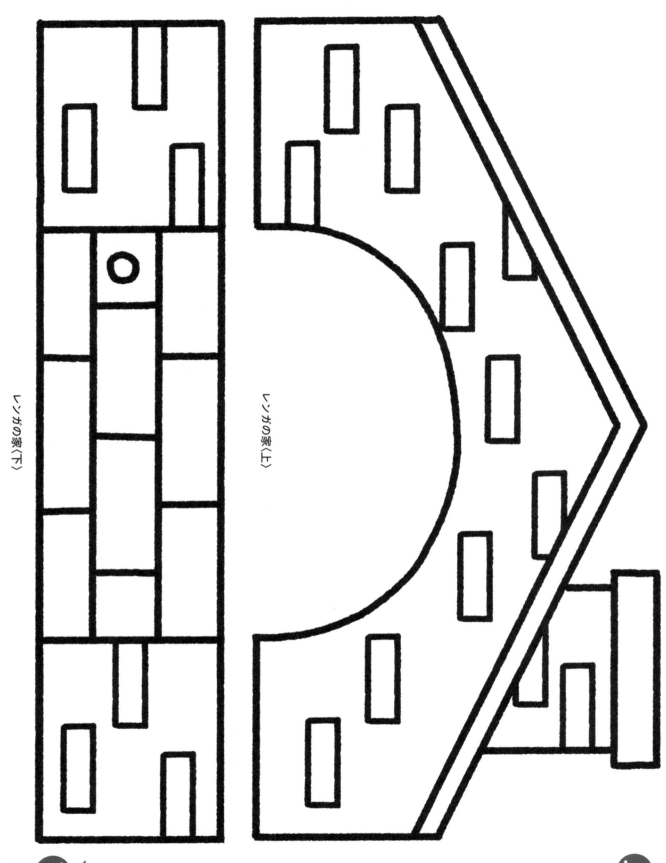

レンガの家〈下〉

レンガの家〈上〉

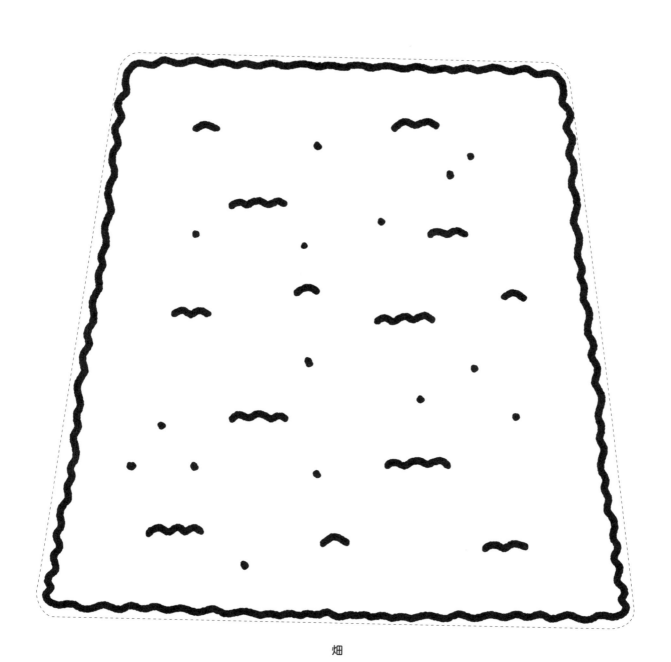

畑

おじいさん

おばあさん

まご

かぶ

ネズミ

イヌ

ネコ

200%
拡大

おじいさん

おばあさん

おじぞう様1

おじぞう様2

おじぞう様3

あみ笠×5

魚

餅

野菜

米俵

おじぞう様4

おじぞう様5

200%拡大

小ヤギ

大ヤギ

中ヤギ

トロル

橋〈左〉

P.84〜P.87 **朝のあつまり** 200%拡大

※数字は必要に応じて作成してください。
(例)5月5日 ➡ 5 を2枚作成。

12

月

日

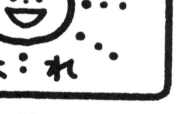
はれ

くもり

あめ

ゆき

テーブルふき

コップくばり

きゅうしょくがかり

みずやり

そうじ

えさやり

パネルシアター㉑
P.88〜P.91 自己紹介 あてっこクイズ 〔200%拡大〕

?マーク×3

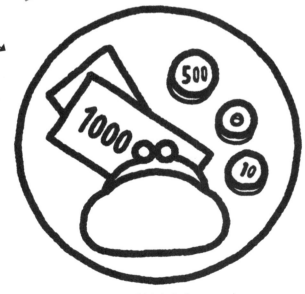

財布とお金

時計と宝石

笑顔

名札カード

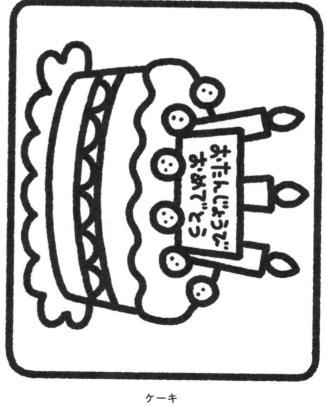

ケーキ

200%
拡大

キャンディー

男の子〈表〉

男の子〈裏〉

女の子〈表〉

女の子〈裏〉

歯みがきさん〈表〉

歯みがきさん〈裏〉

歯ブラシ〈緑〉

ソフトクリーム

チョコレート

歯ブラシ〈黄〉

虫歯菌〈表〉

虫歯菌〈裏〉

カレーライスづくり

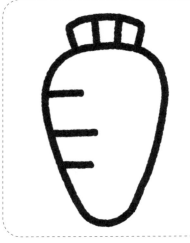

ニンジン〈表〉

ニンジン〈裏〉

肉

タマネギ〈表〉

タマネギ〈裏〉

カレールー

ジャガイモ〈表〉

ジャガイモ〈裏〉

包丁

カップ

お玉

※鍋の口に切り込みを入れて
お使いください。

鍋

まな板

ごはん〈表〉

スプーン

ごはん〈裏／カレー〉

水

ツバメ

アジサイ

カタツムリ

もみじ

カキ

キノコ

男の子・冬

耳あて

長袖

長ズボン

※洋服や帽子は裏打ち（P.5参照）をしてお使いください。

男の子・夏

帽子

半袖

半ズボン

男の子

女の子・冬

帽子

長袖

スカート＋レギンス

女の子・夏

帽子

半袖

スカート

女の子

P.104〜P.107 **てあらい うがい**

200%
拡大

男の子〈裏〉

男の子〈表〉

左手

右手

泡

水

石鹸ボトル

コップ

P.108〜P.111 おたんじょうびマンがやってきた！

プレゼント1〈表〉　　　　　　　　　　プレゼント1〈裏・おりがみ〉

プレゼント2〈表〉　　　　　　　　　　プレゼント2〈裏・タンバリン〉

プレゼント3〈表〉　　　　　　　　　　プレゼント3〈裏・じょうろ〉

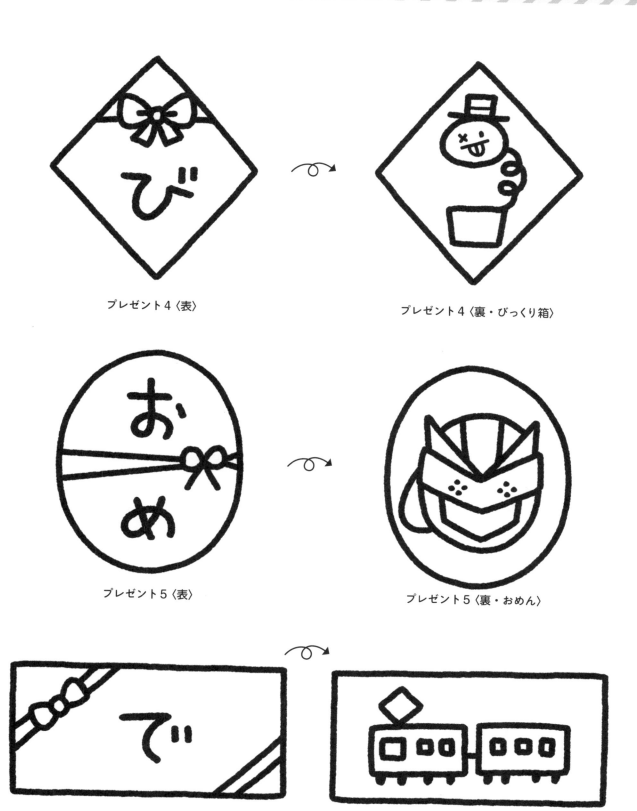

プレゼント4〈表〉

プレゼント4〈裏・びっくり箱〉

プレゼント5〈表〉

プレゼント5〈裏・おめん〉

プレゼント6〈表〉

プレゼント6〈裏・でんしゃ〉

プレゼント7〈表〉

プレゼント7〈裏・時計〉

プレゼント8〈表〉

プレゼント8〈裏・植木鉢〉

おたんじょうびマン〈裏〉

おたんじょうびマン〈表〉

イラスト：カモ

山口県生まれ、埼玉県育ち、現在東京都在住。
広告制作会社でグラフィックデザイナーとして勤務ののちイラストレーター（デザイナー）
としてフリーで活動中。著書に『ボールペンでかんたん！プチかわいいイラストが描ける本』
（メイツ出版）、『保育に役立つ！カモさんのイラストカードまるごと BOOK』（小社刊）ほか
多数。2017年度から、保育雑誌『Pot』（チャイルド本社）の表紙イラストを担当している。
「NHK Eテレ趣味どきっ！」「NHK Eテレ趣味 Do 楽」では講師として出演。日本だけでなく
インドネシアでもイラスト講座やイベントを開催している。
【ホームページ ➡ https://kamoco.net/】

本文・装丁デザイン	松本恵子（k.design）
お話	山本省三
モデル	名倉愛（GURRE）　山田リイコ（アスク・ミュージック）
撮影	横田裕美子（STUDIO BANBAN）
動画撮影	石原麻里絵
浄書	前田明子
校正	みね工房
編集・制作	㈱童夢

本書の内容に関するお問い合わせは、書名、発行年月日、該当ページを明記の上、書面、FAX、お問い合
わせフォームにて、当社編集部宛にお送りください。電話によるお問い合わせはお受けしておりません。
また、本書の範囲を超えるご質問等にもお答えできませんので、あらかじめご了承ください。
　FAX：03-3831-0902
　お問い合わせフォーム：https://www.shin-sei.co.jp/np/contact-form3.html

落丁・乱丁のあった場合は、送料当社負担でお取替えいたします。当社営業部宛にお送りください。
本書の複写、複製を希望される場合は、そのつど事前に、出版者著作権管理機構（電話：
03-5244-5088、FAX：03-5244-5089、e-mail：info@jcopy.or.jp）の許諾を得てください。
JCOPY ＜出版者著作権管理機構 委託出版物＞

JASRAC 出 1914641-307

みんな楽しい！
カモさんのかわいいパネルシアター

2020年2月15日　初版発行
2024年1月5日　第7刷発行

著　者	カ　　モ
発行者	富　永　靖　弘
印刷所	公和印刷株式会社

発行所　東京都台東区 株式 新星出版社
　　　　台東2丁目24 会社
　　　　〒110-0016 ☎03（3831）0743

Ⓒ Kamo　　　　　　　　　　　　　　　Printed in Japan

ISBN978-4-405-07306-7